改革开放进程中的经济学家学术自传

张卓元　高培勇　主编

蔡昉学术自传

蔡昉◎著

ACADEMIC AUTOBIOGRAPHY OF CAI FANG

SPM

南方出版传媒

广东经济出版社

·广州·

图书在版编目（CIP）数据

蔡昉学术自传／蔡昉著．—广州：广东经济出版社，2020.1（2021.6重印）
（改革开放进程中的经济学家学术自传）
ISBN 978-7-5454-6763-5

Ⅰ．①蔡…　Ⅱ．①蔡…　Ⅲ．①蔡昉—自传 ②经济学—文集　Ⅳ．①K825.3②F-53

中国版本图书馆CIP数据核字（2019）第141264号

出 版 人：李　鹏
责任编辑：毛一飞
责任技编：陆俊帆

蔡昉学术自传
CAI FANG XUESHU ZIZHUAN
蔡昉 著

出版发行	广东经济出版社（广州市环市东路水荫路11号11～12楼）
经销	全国新华书店
印刷	恒美印务（广州）有限公司 （广州南沙经济技术开发区环市大道南路334号）
开本	730毫米×1000毫米　1/16
印张	12.25
字数	127 千字
版次	2020年1月第1版
印次	2021年6月第2次
书号	ISBN 978-7-5454-6763-5
定价	78.00元

广东经济出版社网址：http://www.gebook.com 微博：http://e.weibo.com/gebook
图书营销中心地址：广州市环市东路水荫路11号11楼
电话:(020)87393830 邮政编码:510075
如发现印装质量问题，影响阅读，请与承印厂联系调换
广东经济出版社常年法律顾问:胡志海律师

《改革开放进程中的经济学家学术自传》丛书

编辑委员会

《改革开放进程中的经济学家学术自传》丛书分册名录

（按姓氏音序排列）

1.《白重恩学术自传》
2.《蔡昉学术自传》
3.《常修泽学术自传》
4.《陈东琪学术自传》
5.《陈锡文学术自传》
6.《迟福林学术自传》
7.《樊纲学术自传》
8.《范恒山学术自传》
9.《房维中学术自传》
10.《高培勇学术自传》
11.《高尚全学术自传》
12.《郭克莎学术自传》
13.《洪银兴学术自传》
14.《黄达学术自传》
15.《黄群慧学术自传》
16.《贾康学术自传》
17.《江小涓学术自传》
18.《金碚学术自传》
19.《李实学术自传》
20.《李晓西学术自传》
21.《厉以宁学术自传》
22.《林兆木学术自传》
23.《刘诗白学术自传》
24.《刘世锦学术自传》
25.《刘树成学术自传》
26.《刘伟学术自传》
27.《马建堂学术自传》
28.《彭森学术自传》
29.《宋晓梧学术自传》
30.《田国强学术自传》
31.《王梦奎学术自传》
32.《王一鸣学术自传》
33.《魏杰学术自传》
34.《魏礼群学术自传》
35.《乌家培学术自传》
36.《吴敬琏学术自传》
37.《杨瑞龙学术自传》
38.《张军学术自传》
39.《张军扩学术自传》
40.《张晓山学术自传》
41.《张燕生学术自传》
42.《张宇燕学术自传》
43.《张卓元学术自传》
44.《赵人伟学术自传》
45.《郑新立学术自传》
46.《周叔莲学术自传》

总　序

Preface

盛世出华章。中国的改革开放是一场波澜壮阔、前无古人的伟大社会变革，也将是世界经济发展史上的瑰丽篇章。中国经济学家在这场伟大变革中，或贡献了智力，或参与了实践，无论是参政建言还是学术构建，均厥功甚伟。

在我们先后迎来改革开放40周年和中华人民共和国成立70周年之际，为了记录并彰显中国经济学家的历史贡献，为中国特色社会主义事业进一步发挥智慧的力量和作用，同时借以勉励后学筑梦前行，我们组织并编辑了这套《改革开放进程中的经济学家学术自传》丛书。

这套丛书的出版设想，最初由广东经济出版社提出。在此之前，得力于中国社会科学院经济研究所张卓元教授等的大力支持，该社曾于2009年编辑出版《影响新中国60年经济建设的100位经济学家》丛书。那套丛书产生了良好的社会反响，也获得了较高的学术评价。弹指一挥间，又是一个十年，共和国迎来了70华诞，改革开放也逾40周年。在这样一个特殊的背景下，广东经济出版社邀请张卓元教授和高培勇教授领衔，由《经济研究》编辑部具体负责，组织、编辑一套集中反映改革开放进程中的经济学家学术探索和心路历程的丛书。

认识到这是一件颇具眼光、很有意义的事情，于是，便有了读者眼前这套《改革开放进程中的经济学家学术自传》丛书编辑出版工作的启动。

中国经济改革与发展的伟大实践，为中国经济学家的成长提供了肥沃的土壤。要从这些灿若繁星的经济学家中推选出大家比较公认的富有影响力的经济学家，并不容易。怎样推选？推选多少？具体标准是什么？如何约稿？丛书的体例又该如何把握？这一系列相关问题接二连三地提至我们面前。

为此，在初步拟订编辑出版方案的基础上，由张卓元教授和高培勇教授主持，邀请部分专家召开了小范围的论证会议，就组建丛书编辑委员会以及丛书编辑出版的一系列相关问题听取意见，进一步完善方案。

紧跟着，2017年6月25日，丛书编辑委员会会议在北京举行。出席会议的委员共有19位（按姓氏音序排列）：白重恩、常修泽、陈东琪、陈锡文、迟福林、高培勇、郭克莎、黄群慧、金碚、李晓西、刘伟、彭森、宋晓梧、田国强、魏礼群、吴敬琏、张军扩、张燕生、张卓元。因故请假、提供书面意见的委员有10位（按姓氏音序排列）：蔡昉、曹远征、贾康、李实、李扬、厉以宁、林毅夫、刘世锦、钱颖一、张军。

这次编辑委员会会议就如下一些重要问题形成了高度共识：

第一，关于丛书的意义。委员们高度认可丛书的编辑出版工作，认为这是一项富有重要历史和现实意义的出版工程。

第二，关于丛书入选者的标准和数量。委员们认为应本着宁缺毋滥、质量为先原则，以对改革开放事业的某个特定领域做出实质性贡献或产生实质性影响的经济学家为重点，入选者宜掌握在60位左右。

第三，关于丛书的体例。基于凸显学术价值和史料价值的考虑，委员们认为学术自传宜涵盖作者的学术成长历程、作者对改革开放事业某个特定领域的研究成果和学术贡献、作者对特定领域改革前景的展望等方面内容。

第四，关于丛书的读者对象。委员们认为应主要面向青年学者以及学生，谈人生经验、述理想情怀，激励广大青年学者和学生确立奋斗的目标、发展的方向和成功的路径。

第五，关于丛书的文风。委员们主张学术自传应具有较强的理论性、学术性，同时文笔流畅、深入浅出，具有一定的可读性。

在经过充分讨论形成的候选经济学家名单基础上，与会委员按照获得半数以上多数票入选的规则，以无记名投票方式表决确定了65位入选者。

会议还决定，请因故请假的委员继续对候选经济学家名单通讯投票，并根据此项流程的统计结果，提请全体编辑委员会委员再进行一次通讯评审，最终确定丛书入选者为68位。

由此产生的《改革开放进程中的经济学家学术自传》丛书入选作者为（按姓氏音序排列）：白重恩、蔡昉、曹远征、常修泽、陈东琪、陈清泰、陈锡文、迟福林、樊纲、范恒山、房维中、高培勇、高尚全、郭克莎、郭树清、韩俊、洪银兴、华生、黄达、黄群慧、贾康、江小涓、金碚、李剑阁、李京文、李实、李晓西、李扬、厉以宁、林毅夫、林兆木、刘国光、刘鹤、刘诗白、刘世锦、刘树成、刘伟、隆国强、楼继伟、马建堂、彭森、钱颖一、宋晓梧、田国强、王梦奎、王一鸣、魏杰、魏礼群、乌家培、吴敬琏、吴晓灵、杨启先、杨瑞龙、易纲、余永定、张军、张军扩、张维迎、张晓山、张燕生、张宇燕、张卓元、赵人伟、郑新立、周其仁、周叔莲、周小川、朱玲。

在确定入选者名单之后，《经济研究》编辑部立即展开了组稿工作，共有46位入选者接受约稿。在这一过程中，入选的经济学家或其家属、秘书、好友等，对我们的工作给予了热情的支持，在百忙之中积极准备所需要的文献，其认真精神令人感动。应该说，没有他们的积极响应和大力支持，这套丛书是难以按时按质完成的。

由于入选的经济学家大多是名人、忙人，有一部分老作者也已年届九十高龄，约稿的工作量及其难度可想而知。一些作者提出暂不能写作，这多少令我们感到些许遗憾。其间也有许多感人的情景要告诉读者们：常修泽先生于2018年夏天在吉林延边的一个小镇闭门两三个月专事自传写作，在整个写作过程中数十次与编辑部和出版社沟通，包括内容完善、结构设计和一些合理性建议等诸多细节，并且在约定期限内交稿给编辑部；九十五岁高龄的黄达教授在写作过程中十余次通过电话或电子邮件与编辑部讨论写作重点和风格；乌家培、林兆木、王梦奎等老先生也是不厌其烦，反复就文字沟通润色；周叔莲先生在去世前一周还给编辑部打电话，告诉编辑自己已经基本完成了书稿的写作，并详细介绍了自己的写作过程和感想，我们至今忆此仍为之动容。在这些难得的沟通中，我们一次次被感动。

随着此套丛书的陆续编辑出版，我们越来越强烈地体会到了这项工作的意义和价值：

入选这套丛书的作者，系改革开放进程中的经济学家，他们的知名度较高，社会影响较大。这套自传体丛书，是对他们的代表性研究成果、学术贡献、成长历程及人格魅力的一个集中展示。对于广大读者特别是青年学子来说，这无疑是一个难得的学习、了解我国经济理论和现实问题的机会。

这些经济学家在各自的学术领域都是佼佼者或领军者，他们学术素养深厚、学术成就卓越。他们在自传中大多以第一人称娓娓道来，讲述了自己的家国情怀与学术成长经历，为记录我国改革开放历程留下了第一手资料。从经济史和思想史的角度看，这应该是非常有史料价值的研究文献。

众多大家的纸上风华，既映射出中国改革开放40多年取得的巨大成就，也是对中国改革与发展经验比较系统的总结。正如习近平总书记所指出的："从我国改革发展的实践中挖掘新材料、发现新问题、提出新观点、构建新理论，加强对改革开放和社会主义现代化建设实践经验的系统总结，加强对发展社会主义市场经济、民主政治、先进文化、和谐社会、生态文明以及党的执政能力建设等领域的分析研究，加强对党中央治国理政新理念新思想新战略的研究阐释，提炼出有学理性的新理论，概括出有规律性的新实践。这是构建中国特色哲学社会科学的着力点、着重点。"应该说，本套丛书的作者们用生动而精彩的人生与学术追求，践行了这一重要要求。

这套丛书的编辑出版与《经济研究》编辑部各位同仁的努力也是分不开的。他们通过电话、短信和邮件等方式不断地与作者或其家人、秘书等进行沟通。参加组稿和审稿工作的人员有：郑红亮、刘霞辉、张永山、唐寿宁、王利娜、谢谦、金成武、孙三百、陈小亮、欧宏、王红梅、刘莹、曹帅。

广东经济出版社的领导和编辑在本丛书的出版过程中也做了大量的工作，正是有了他们的努力，这套丛书才能得以顺利与读者见面。

特别值得一提的是，这样一套组织工作浩繁的大型丛书，见证了《经济研究》编辑部与广东经济出版社值得称道的团队合作精神。编辑部的张永山、王红梅同志和广东经济出版社的编辑团队从始至终为丛书的组织沟通、约稿、文稿整理付出了大量的心血，他们的耐心和一丝不苟的敬业精神令人称道。

这套丛书就此付梓了，回望中国改革开放的辉煌岁月，携手丛书作者对祖国的拳拳心路与期待，我们略感欣慰！但由于时间仓促，加之我们的水平有限，书中的不足和错误之处在所难免，敬请广大读者批评指正。

《改革开放进程中的经济学家学术自传》丛书编辑委员会

2019年10月

蔡昉

1956年出生于北京市。现任中国社会科学院副院长、研究员、学部委员，中共十七大和十八大代表，十三届全国人大常委会委员、全国人大农业与农村委员会副主任委员。主编《劳动经济研究》杂志，并担任《中国社会科学》《经济研究》等杂志编委，兼任中国经济50人论坛及其学术委员会成员等。

高中毕业后在京郊顺义县插队，直到恢复高考制度。1982年毕业于中国人民大学农业经济系并获经济学学士学位；1985年和1989年分别获得中国社会科学院经济学硕士学位和经济学博士学位；先后在美国经济学会博尔德（Boulder）经济学院、斯坦福大学、华盛顿大学、澳大利亚国立大学、联合国大学发展经济学研究院等作访问学者。1985年到中国社会科学院农村发展研究所工作，1993年到中国社会科学院人口研究所任副所长，1998年任中国社会科学院人口与劳动经济研究所所长。2006年6月至2007年6月挂职任南水北调中线干线建设管理局副局长兼漕河建设管理部副部长。

主要从事中国经济发展与改革、劳动与就业、经济增长、收入分配、“三农”问题等领域的理论和智库研究。长期关注贫困问题和摆脱贫困的途径，深入基层进行调查研究，并参与了经济政策制定中的各种咨询和课题研究。在国内外报纸、杂志发表论文数百篇，出版专著多部，包括合著《中国的奇迹：发展战略与经济改革》《中国经济：改革与发展》，独著《穷人的经济学：农业依然是基础》《中国流动人口问题》《从人口红利到改革红利》《四十不惑：中国改革开放发展经验分享》《读懂中国经济》等，主编《中国智慧》和系列图书《中国人口与劳动问题报告》等。获第二届张培刚发展经济学优秀成果奖、第四届中国发展百人奖、第四届中国农村发展研究奖、第一届中国软科学奖、第十四届孙冶方经济科学奖、第三届中国出版政府图书奖等。

曾经三次在中共中央政治局集体学习中就相关问题进行讲解。倡导在经济政策中树立就业优先原则，目前中央文件已正式使用该表述；推进政策制定者和社会对劳动力流动的认识，分析人口红利对中国经济的贡献，以及判断刘易斯转折点到来和人口红利消失等观点，引起学术界和政策制定者的高度关注。1991年被国家教委、国务院学位委员会联合表彰为“做出突出贡献的中国博士学位获得者”；1995年被中国社会科学院表彰为“做出突出贡献的中青年专家”；1998年获国家级“做出突出贡献的中青年专家”称号；2003年被七部委授予出国留学人员杰出成就奖。

蔡昉学术自传

目录

壹　特殊年代的平凡经历　/ 1

一　我的青少年时代　/ 3

二　短暂的知青岁月　/ 10

三　决定性转折：成为“新三级”　/ 15

四　不愿选择的“选择”　/ 19

贰　以经济研究紧跟时代　/ 25

一　通过调研而启蒙　/ 27

二　穷人的经济学　/ 32

三　从中国奇迹到中国智慧　/ 40

四　抓住宏大命题　/ 45

叁　辨识发展阶段变化　/ 51

一　对农业保护的预警　/ 53

二　判断刘易斯转折点　/ 60

三　派生变化与延伸观察　/ 64

四　关注中等收入陷阱　/ 69

五　全要素生产率轶事　/ 73

肆　劳动经济学的发展视野　/ 79

一　劳动力退出、流动与进入　/ 81

二　问题导向的就业研究　/ 85

三　倡导就业优先　/ 89

四　劳动力市场的立与破　/ 92

五　城市化：殊途同归　/ 97

伍　破解经济发展之谜　/ 103

一　主流经济学的贫困　/ 105

二　被忽略的增长源泉　/ 110

三　发展成果如何分享　/ 116

四　从人口红利到改革红利　/ 121

陆　中国经济的纵与横　/ 127

一　填平理论与历史的鸿沟　/ 129

二　为中国经济发展定位　/ 134

三　雁阵模型：国内版到国际版　/ 140

四　如何借鉴“他山之石”　/ 146

柒　经济学研究内外　/ 151

一　学者、智囊和管理者　/ 153

二　行千里路和读万卷书　/ 158

三　文人之交淡如水　/ 168

四　低姿态与高追求　/ 176

壹

特殊年代的平凡经历

神仙说：天上才数日，人间已千年。逾耳顺之年，我所经历的这段中国历史，却在不到一代人生命周期的时间内呈现出翻天覆地的变化。我在研究中曾经绘制过一张统计图，纵轴为中国国内生产总值（GDP）占世界总量的比重，以及中国人均GDP相当于世界平均水平的百分比，依据著名经济史学家安格斯·麦迪森的历史数据并更新到2015年。横轴为年份，表示在长期历史进程中发生的变化。读者完全可以想象得到，图中的曲线呈现出明显的V字形变化轨迹，也就是说，中国科技水平和经济发展曾经在历史上位于世界领先梯队，世界性大分流以后却一路跌至谷底，直到改革开放才再度辉煌。

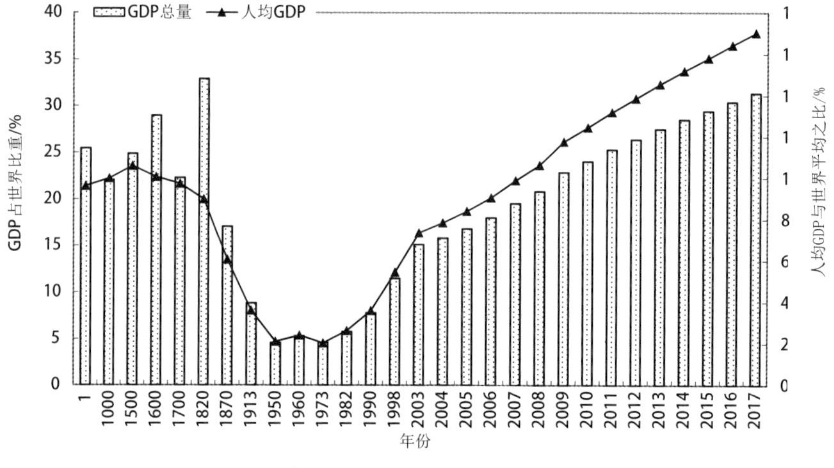

中国在世界经济中地位的变化

图中的横坐标具有非等距的特点，即于中国经济在世界经济中的占比下降到最低点之前，年份的刻度值是大跨度的，分别以上百年到数十年标示，而在改革开放以后，由于数据可得性的明显提高，年份标示则是连续的，特别是进入

21世纪以来，每年都有一个刻度值。这就是说，中国改革开放以来的变化，具有一日千里的面貌和跨越历史的性质。

我从事经济学研究，恰恰是身处这个浓缩的历史进程中。或者也可以说，我从青少年时代至今，经历了中国历史性的巨变，切身观察、见证甚至亲历了这个伟大的转变。我所从事的职业也使我能够以专业的眼光及分析手段，来深度理解这个历程。再进一步说，进入21世纪，特别是党的十八大以来，在党和国家事业发生历史性变革的时期，我已经作为党中央和国务院的智库一员参与其中。

我始终觉得，个人永远是渺小和微不足道的，但是，如果一个人足够幸运，他的职业和生活能够与一个特别的历史时期相联系，也就实现了每个普通人的人生观。美国经济学家米尔顿·弗里德曼，在其自传中以“两个幸运的人”形容自己和妻子对生活、事业的满足感。我本人固然没有做出像诺贝尔奖获得者那样的贡献，但是就所经历的这个伟大历程而言，我无疑也属于这样一个幸运的人。

一　我的青少年时代

我于1956年出生于北京。家庭背景普普通通，既不是一般人眼里的“红二代”，也算不上是书香门第。不过，也不乏红色基因和读书基因，对我后来成为什么样的人无疑大有影响。红色基因或许注定了，我终究要从事一种不以谋求私利为取向的职业。读书基因则帮助我以读书度过不读书的年代，直接塑造了今天作为学者的我。

根据老家的地方志资料，祖父蔡若因先后就读于广州岭南大学、黄埔军校武汉分校。1927年初任中共上栗地区第一个农村党支部——南源党支部委员，随后又任同年8月成立的中共上栗区委委员，9月10日参加上栗秋收暴动，1928年1月领导组织斑竹山起义，任中国工农革命军直辖第二团秘书长（一说还兼任副团长）。起义失败后遭国民党通缉外逃，被抄家毁屋，多年流亡在外，先后任教师和编辑，后回萍乡从事教育工作直至去世。

在1949年长沙解放时（当时中华人民共和国尚未宣布成立），父亲蔡源明正在湖南大学读书，旋即投笔从戎参加人民解放军，并未沐浴枪林弹雨，而是先后在部队担任文印员、文工队员和编辑等职。1955年转业到山西省崞县（今原平市），在以著名爱国将领续范亭命名的范亭中学任教多年，20世纪70年代调回老家，在萍乡师范学校任语文教师。

父亲在公安军政治部工作时认识了我的母亲俞国祥。在我小时候，父母和少量互有来往的亲戚，几乎无一例外地从事同一职业——教师。我上学以后很快就赶上“文革”，其间填写出身时，按照要求则是写为“职员”。虽然父母不算高级知识分子，扣不上反动学术权威的帽子，但是在当时，与“革军”“革干”或者工人、贫农这样的出身比起来，“职员”绝不是让我能够引为自豪，在心理上感觉与人平等的家庭出身。

因为父母在当时的老百姓中，算是受教育较多的，加上我从小随外婆生活而她有保持阅读的习惯，家里也存有一些书籍（直到“文革”一开始，我每天拉着小车去废品站排队，最终成功地将其全部当废纸卖掉为止），所以读书的习惯也是自然而然养成的。据我母亲说（我没有印象，因此也不敢确定），我在上小学之前就读过周而复的《上海的早晨》。我出生前一年父亲即转业离开北京，此后从未长期生活在一起，因此我从小便与父亲通信，直至1995年他去世。

从1964年开始，我先后在北京太仆寺街第一小学、北京第160中学（原中央民族学院附中或后来的中央民族大学附中）和北京第65中学读小学、初中和高中，1976年初到郊区顺义县俸伯公社北彩大队插队。后来我在研究劳动经济学时，曾经与同事写过一篇文章，讨论“文化大革命”对教育造成的破坏。在文章中我们创造了一个“‘文革’指数”，即一个人受教育时期与十年“文化大革命”相重合的程度。由此来看，直至1978年秋天，受小平同志恢复高考之惠成为“新三级”（即恢复高考后的77级、78级和79级入校大学生）的一员，此前我的“‘文革’指数”几乎是100%。

我从小学、初中和高中按部就班地读了下来，而且幸运的是，我本人没有受到缩短学制的影响，甚至因小学毕业时间从暑期改冬季，到了初中临毕业时又改了回去，我先后两次延期毕业，累计还多读了一年书。但在那个年代，因强调政治运动并且受到读书无用论的影响，我并没有学好这几个教育阶段应该学到的东西。

我的很多同龄人后来再也没有机会上大学，20世纪90年代后期便遭遇劳动力市场冲击，下岗失业或者提前退休了。后来我的研究领域一度集中在下岗、失业以及政策应对等问题上，再后来又越来越关注教育问题，对“文革”期间教育受损这一历史问题有了更深入的理论认识。反过来，由于这种个人经历和对世事的观察，对于理解劳动经济学中个人的人力资本禀赋如何决定他面对劳动力市场冲击时的实际表现，也大有裨益。

不过，在任何一个特定的大背景下，都可以阴差阳错地形成不尽相同的小环境。我很幸运，身处在这样一个特殊环境之中，获得了与同龄人相比更多的读书机会。而且，生活经历一旦具有积极的导向，并能从中得到体会，也完全可以成为影响终身的正面因素。自记事以来，我有过两段农村生活或相关的经历。

第一段经历，是在“文革”早期我还在读小学的时候。无论是先前的“停课闹革命”还是随后的“复课闹革命”，都是以参加“文革”运动为先，“教育革命”的本质就是不读书了。我的父母看到这种情况，决定把我送到父亲工作的山西省原平县崞阳镇，希望在那里，学校的课程稍微正常一些。

事实也恰是如此。当时的山西农村高小阶段与初小阶段是分设的，前者即小学的五六年级单独设校，称为完小（意思是完成阶段的小学）。为了直接进入完小，我需要跳一级，即越过小学四年级直接读五年级。当时为跳级做准备，父亲请他的同事——几位中学老师——为我补习。我记得最清楚的是张宁生老师帮我补数学。那时的教材要求紧密联系工农业生产实际，有一课是关于土地测量的。张老师和我把我父亲几个旅行箱子上的皮带全部拆下来，不管粗细连成一条长长的皮尺，到田野里去实际丈量耕地。

我父亲教书的范亭中学，是山西省一所著名学校。虽然地处小镇，但聚集了一批年轻有为的大学毕业生。“文革”期间教学不能正常开展，因此在崞阳生活近一年的时间里，我从这些老师那里用特殊的方式汲取营养。

张宁生老师只是一个突出的、记忆最深的例子。张老师家学渊源，伯父是中国社会科学院老领导、著名法学家张友渔。记得20世纪90年代我到原平县调研，曾回范亭中学去看望父亲的老同事，还见过张老师一面。此后听说他一直坚守在教书育人的岗位上，被评为全国教育系统劳动模范、山西省特级数学教师。他与夫人、著名作家高芸香女士，成功地把三个子女培养成人才，曾获“感动中国的十位成功父母”称号。

在那一年中，我还找到了一个读书的好地方——范亭中学图书馆。记得当时学校已经无限期放假，图书馆也不再开放。但是我认识的几乎所有留在学校的老师，都能够自由进入图书馆且自由借阅，我会时不时跟着他们进去找一些能够看懂的小说。此外，我所上的完小仍在正常上课，似乎也没有感觉到后来人们常说的城乡教育水平差异。除此之外，我无忧无虑、自由自在地玩耍，每天足迹遍布全镇和校园各个角落，周旋于自己的同学（大多是农民的孩子）、父亲的同事和学生之间。

我的一位当过研究所所长、俄语讲得堪与母语相媲美的同事告诉我，直到上大学，他从来没有读过一本小说。与之相比，在那个盛行“读书无用论”的年代里，我幸运地读了不少书，也受到了一些美育。以后的生活和工作经历证明，即便说不清那时读的东西是否具有潜移默化的影响，但我在那个“读书无用”的年代的确养成了读书的习惯。

我父亲于20世纪70年代调回老家萍乡工作，我则年年去跟他过寒假或暑假。每个这样的日子，我都充分利用萍乡师范学校的图书馆，借阅各种书籍。我记得读得最多、最艰苦的是苏联小说，诸如法捷耶夫、阿·托尔斯泰、高尔基、西蒙诺夫等的著作。之所以说读得艰苦，是因为在我看来，很多这样的小说并没有什么故事情节，而且是繁体字竖排版，或许翻译也有问题。就连高尔基的小说，也远远不是人们从其自传三部曲中得到的印象，翻译后的语言颇为晦涩。

受到父亲影响（他是捡到一张旧报纸或者纸头都要看看内容的阅读控），我还读了许多“文革”之前的文学类过期刊物，以至上大学期间能够指出一位语文老师写过的旧作，让那位老师十分高兴。此外，当时在两报一刊上发表的政论文章，特别是一些历史类文章，不管是否看得懂，也都会读一遍，并且会与父亲讨论。或许，这于我后来对历史产生越来越大的兴趣也有影响。

身处读书无用的年代，就业前景堪忧，当时的许多同龄人都想有一项艺术特长。我选择了学习绘画。当然只能是自学，练习基本功素描时靠临摹而没有石膏像可用，并利用各种机会参观美术展览，偶尔也有机会向专业人士请教。

记得当时一起学绘画的伙伴住在西直门内大街172号（当时是总政招待所，现为西直门宾馆。多年以后林毅夫从美国回来，全家也在那个招待所住了一段时间），我们在那里经常能够邂逅总政借调来搞创作的部队和兵团画家。记得当时有幸认识的画家中，刘柏荣的名气最大却十分谦虚朴实，程宝泓功底深厚而寡言少语，冯远则与我们年龄相仿，共同语言也更多。

做讲座

前些年去上海做讲座，利用空闲时间自己跑去看美术展览。讲座的邀请人得知后，向听众介绍我为参观美术馆最多的经济学家。我想了想后，默认了这个头衔。20世纪70年代在我上高中的时候，唯一的观摩机会和美学盛宴是全国美展，记得有一年我一口气去看了七次。这些年由于工作的性质，国内外出差每到一地，我都是利用所能获得的任何自由时间，去参观不得不去或者值得去的美术馆、博物馆和展览馆，以自飨视觉。欣赏美术作品填充了我很大部分业余生活空间，许多年来我都乐此不疲。

此外，挚爱美术也为工作增添了一些小情调。虽然从成果数量上看，我迄今已算得上著作等身，但仍然十分乐见自己的思想和研究成果能变成实物形态的出版物，有时甚至希望这种外在的产品，能够在形式上反映出思想的力量和科学的美感。所以，常常会与出版社的编辑们争论不休，讨论诸如图书封面和开本的设计等事务。不过，绝到不了完美主义或求全责备的地步。

二 短暂的知青岁月

最重要的一段生活经历是作为知识青年到农村插队落户。虽然早在20世纪50年代就涌现出一批自愿到农村落户的知识青年（初高中毕业生），但是大规模的上山下乡运动则发生在1968年毛泽东发出“知识青年到农村去，接受贫下中农的再教育，很有必要”号召后。那一年，包括1966年、1967年和1968年三届（所谓“老三届”）初中和高中毕业和未毕业的学生同时出发，累计约2000万人先后上山下乡。直到1978年，才逐渐形成大规模知青回城潮，这个运动逐渐终结。

习近平总书记不满16岁就到陕北一个叫梁家河的村庄插队，度过了天降大任之前“苦其心志，劳其筋骨，饿其体肤，空乏其身”的历练生活。我的插队经历显然无法与之相比。第一，北京郊区农村对于城里的孩子固然不乏考验，但远远谈不上艰苦；第二，我下乡时已经是该运动的晚期，仅仅待了不到三年，即通过高考回到北京。不过，通过亲历亲见，对于生产队大呼隆式的劳动方式和大锅饭式的记工方式，究竟以怎样的机理挫伤社员的劳动积极性，以及在那个年代里，农村里的种种人情世故都有了切身感受。

今天人们谈起那个年代的农村，总会说人民公社。其实，当时的体制特点是（人民公社、生产大队、生产队）三级所有、（生产）队为基础。公社社员的劳动对象和生计所系，是属于生产队所有的土地。生产队为每个劳动力事先确定一个工分标准，如我在的生产队，不管实际的劳动能力和努力程度如何，男性整劳力出工一天记7分，女性整劳力出工记5.5分，插队知青不论男女则一律记5.5分。年终时，根据全生产队的产量计算的总收入，扣除物质费用等形成净收入，按照全部记录的工分数计算出每个工分的价值。每个社员则按照自己挣得的工分值获得相应的分配。

许多经济学家指出，农业生产劳动具有过程与最终结果相分离的特殊性，并且监督成本十分高昂。既然出工一天的工分事先确定了，那么多出力或少出力、出力或不出力都是一样的结果，即便会影响到整个生产队的最终产量。既然生产队队长无法指出是谁造成这个损失，那么这个损失摊在每个具体的人身上也必然与其努力程度无关。

例如，在一个由n个人组成的生产队中，一个人可以百分之百地偷懒，造成的产出损失却只承担1/n，而全力以赴工作的另一个人，也只能获得其贡献的产出增量的1/n。因此，经济学家认为这个激励机制天生鼓励偷懒。这个解释固然十分合乎经济理性的逻辑，人们多年以来也认同这个说法，但是其假设所有人（即生产队的每个社员）天生具有斤斤计较、偷奸耍滑，乃至自私自利的品性，从一开始就制定了偷懒策略，也难以让人信服。

作为在人民公社时期生活、劳动的一员，对我来说，村子里的社员不像经济学假说中的那样，是精于计算且面目不清的抽象“理性人”，而是一个个有血有肉的具体形象。例如，那位因家里断顿儿找队长请假去邻村借粮的大叔、教知青怎么干活才能既省力又符合要求的副队长、私下里传播小道消息（“陈永贵来顺义视察后，对县委书记说：顺义没有别的问题，就是人懒”）的大爷、把自己那垄地农活干完后一声不吭地回过来帮知青一把的小妹……带着这种记忆，我不能允许自己用上述传统模型去解释人民公社体制中的劳动行为。

要做出严谨的解释，应该扔掉传统经济学那副见物不见人的过滤镜，把普遍的“出工不出力”行为，与宏观层面的资源错配、生产单位的低效率以及部分劳动者的偷懒行为结合起来观察。首先，在国民经济层面上，不顾国情以重工业为优先发展方向；在农业政策层面上，推行“以粮为纲、全面扫光”的方针，都造成宏观层面的资源错配。其次，生产中的瞎指挥造成微观低效率，无疑降低了总产出。如年年冬天冒着天寒地冻试图把芦苇地改造成粮田，结果是苇子没有了（连包粽子的叶子都找不到），耕地一亩也没增加。再如割资本主义尾巴，杜绝任何副业生产，也断了增加收入的路。最后，终究有一部分人滥用农业劳动难以监督的特点，而在集体劳动中偷懒。这都导致生产队的实际生产结果，最终远离生产可能性边界。

20世纪70年代的中国，是世界上最贫穷的国家，人均国民总收入低于非洲贫穷国家的平均水平。因此，这时的农业生产可能性边界充其量也只是一个最低生存水平。当实际产出远离（低于）生产可能性边界时，剔除必须完成的征购统购任务后，生产队可供分配的产出剩余便不再能满足温饱。

从整体来看，按照每人每年100元收入的贫困标准，1978年全国有2.5亿农村人口生活在温饱线以下。在微观层面，如果把生产队分配结果折算成热量等营养标准，在很多情况下则无法补偿出工出力的实际消耗。如果那些天性勤劳的农民不遗余力地从事生产队劳动，却得不到必要的补偿的话，则会因热量的支出与摄入不平衡，而无法维持劳动力的再生产。因此，在存在道德风险的情况下，固然会有人制定出工不出力的策略，但多数情况下，这是一连串重复博弈后不由己的结果。

我自己的经历便足以说明这个道理。在顺义县俸伯公社北彩大队插队的第一年，所在的生产队工分值大约是0.56元。这不是每个工分的价值，而是每10分的价值。也就是说，我的工分标准是5.5分，所以每天出工只能挣到0.3元。设想我全年不分周末和假日，也不回城探亲，出工天数高达365天，也只能分得112元。如果出工天数减半，全年便只能挣56元。

事实便是如此，1977年全年干下来我竟没有挣足口粮钱。由于北京市知识青年工作办公室发现了这种情况的普遍性，拨专款把全市知青工分值不足0.4元的差额部分补足，我当年才得以在扣掉口粮钱之后分得10元。

针对一种习惯性的说法，阿马蒂亚·森澄清道：穷人并非天性懒惰，只是因为营养不良而干不动活儿。这是经济学家从一般意义上得出的反传统结论。从中国现实出发，当时也有领导人做出非常符合实际的判断。于光远同志在《1978：我亲历的那次历史大转折》一书中记载，在党的十一届三中全会召开之前的中央工作会议上，胡耀邦同志发言指出：“‘文化大革命’使我们元气大伤，劳动力的体质差了，积极性也差了。”

虽然中国传统体制下生产队的劳动方式和激励机制最终仍可概括为出工不出力，但是不应该直接从人性的懒惰角度推论出这个结论。一方面，出于生存需要的博弈结果，造成了劳动积极性不足与农业产出低下之间的恶性循环。另一方面，每当生产队队长不得已偶尔尝试小段包工的方式时，如规定清完一个猪圈或铲完一垄地便可以收工，人们看到工作成果与工分报酬的直接对应关系，常常以想象不到的速度完工。那时，我已经懂得了“一包就灵”的奥秘。

直到1978年的初秋，我还在农村边出工边焦急等待着大学的录取通知。终于有一天，我打算歇一天工，收拾一下即将离开生活了近三年的宿舍，而上午却被大队副书记（一个年龄相仿的回乡女知识青年）逮个正着，不单单是遭到一顿训斥，而且被威胁说：“你这样不安心说明你没有被再教育好，即使被大学录取我们也可以不让你走。”没想到那天下午便接到了录取通知书——我以第一志愿被中国人民大学农业经济管理系录取。

记得到公社取录取通知书的时候，那个管文教的干部看到我的专业是农业经济管理，语气怪怪地对我说：“既然选择学这个专业，其实完全没有必要离开这里呀！”大概他预料我学了这个专业，四年以后还会回到人民公社当干部。但是，当时谁都没有意想到的事情从此一件接一件地发生了。先是实行了家庭联产承包责任制，接着人民公社被废除（客观上我也回不去了），然后是改革从农村进入城市。

在过去的40年里，中国的变化是天翻地覆的，而中国经济改革早期最具有里程碑意义的事件，即家庭联产承包责任制从悄悄试验到被默许、认可再到普遍推行，正是发生在1978—1982年我在中国人民大学农业经济管理系就读，以及1982—1985年我在中国社会科学院研究生院学习农业经济学这个时期。

三 决定性转折：成为“新三级”

自1966年“文革”开始，中国的大学先是停止招生长达四年，随后于1970—1977年，主要以政治标准由单位推荐在职的工人、农民和解放军战士上大学，招收了数届并不以学习为主业的工农兵学员。直到1977年在邓小平同志亲自主持下，以恢复高考制度这一壮举，扭转了高等教育停滞的局面。大体上，通过77级（实际上是1978年春季入学）、78级和79级三年的高考，不仅招收了应届毕业高中生，也为包括“老三届”毕业生在内的累计达十年的被耽误的青年提供了又一次机会，形成了著名的“新三级”大学生以及随后的毕业生群体。

恢复高考这一重大改革，不仅改变了一代人的命运，更是为“文革”期间人力资本积累停滞乃至倒退做了一定程度的弥补，为改革开放后经济发展、科技进步和国家治理能力提高打下了人才基础。虽然“新三级”毕业生已经开始陆续退休，但目前他们中的许多人仍然占据着各行各业的重要岗位，从党政军领导干部和企事业高级管理人员，到科技领军人物和文学家、艺术家等。

我的生活轨迹也是从此转向的。1978年10月我进入中国人民大学农业经济管理系学习。两个月以后，中共中央在北京的京西宾馆召开了具有历史意义的十一届三中全会。几乎在同一时间，安徽省凤阳县小岗村的18家农户，决定摒弃生产队大呼隆式的劳动方式，实行包产到户。这两个事件，前者是决定性的而后者是标志性的，皆成为改革开放的起点。我学习的专业是农业经济学，而且终身从事理论研究，我也就成为亲历、见证、研究和参与改革大业的内部人。

说来不无讽刺，在旧的经济体制即将寿终正寝之时，我们学习的两门专业课却分别为“人民公社管理”和“国营农场管理”。由于课程的名称和内容与当时如火如荼的农村改革风马牛不相及，我也一度困惑于农业经济应该研究些什么问题，以至于开始关注刚刚恢复的社会学了。记得当时尽可能阅读

中国人民大学田径比赛

了可以找到的相关文章，还跑去拜访过几位正在为重建社会学而呼吁的老一辈学者，如杜任之先生和王康先生。

不过，毕竟一个新时代的黎明已经来临。在中国人民大学这样一所拥有前沿理论的大学，我们不由分说地去追赶思想解放的步伐，如饥似渴地尝试理解初现端倪的改革。记得陈锡文等年龄稍大、思想更加成熟的同学，时而提醒大家去读金观涛、刘青峰的《兴盛与危机：论中国社会超稳定结构》，继而又推荐翁永曦、王岐山、朱嘉明和黄江南的《关于我国当前经济形势和国民经济调整问题的若干看法》为必读文章。

这里提到的两篇文章，吸引我的无疑是其脱俗超凡的议题和风格迥异的文风，当时读来确有清风拂面的新鲜感。时隔多年后，才懂得前者具有的社会科学春天来临的象征性意义，以及后者具有的经济指导思想上拨乱反正的时代意义。

金观涛等尝试用控制论的思想回答中国封建社会为什么长期延续的重大理论命题，文章写得可谓惊艳，读来颇感新奇。多年以后，他们对于这种把机器（工程）系统内部控制和通信的原理，机械地与人文社会科学命题相嫁接的方式越来越不以为然，而且花了很大气力去澄清该思想在人口控制上的政策运用。不过，正是从那时起，我开始关注历史学此类重大命题的讨论。

因这篇非主流的，却在彼时彼地具有振聋发聩效果的文章，我后来关注了关于中国封建社会为什么长期延续的各种流派理论。撇开“文革”期间读过的杨荣国（当时在史学界的地位应该类似于文学界的浩然）的著作不说，长期居正统地位的范文澜和郭沫若、具有比较视野的吴于廑、早期离经叛道者傅筑夫和王毓瑚，以及无所顾忌地跨越雷池的陈平和刘昶等的著作，我都有所涉猎。至今，我仍然保持着追踪经济史相关讨论的习惯，先后阅读了李约瑟、黄宗智、彭慕兰、罗斯托、希克斯等人的代表性文章。

在翁永曦等人发表那篇文章的时候，我本人尚不懂得宏观经济学（猜想彼时也没有多少人懂，这门学问在大学里充其量是作为西方经济学概论的一部分来讲），也没有进入中国经济发展的语境。今天看来，该文结合严峻的经济形势和危险的政策倾向，阐释了陈云同志“国力制约”思想，旨在矫正当时的“洋跃进”经济发展政策。以后在研究中，我本人也经常有这样的感悟，即非得进行政策思路乃至方法论的根本性改变，否则难以正确认识经济形势，无法引领经济健康发展的走向。

有着这样的氛围，虽然不得已还要上一些属于“屠龙之技”的课程，但终究还是读了不少的书籍，浏览了大量的专业或非专业文章。因为我从小学开始就疏远了学习的环境，在农村插队期间也难得有健康的集体生活，所以进入大学之后感觉耳目一新，恨不得把失去的年华都补回来。每天急急忙忙地在教室、食堂、操场和图书馆之间奔波，最不情愿做的事情是每晚10点必须得熄灯。

说长不长、说短不短的大学四年，给我的人生留下了宝贵的财富。或许不是当时学到的知识，也不是大学毕业生身份带来的发展机会，而是一种对于学习新知识和探索新领域的持续饥渴状态，一个把个人兴趣与国家兴衰关联在一起的职业，一群终身不离不弃且无须戴面具相处的同学。

四 不愿选择的“选择”

人生常有这样的两难烦恼，即儿时盼快点儿长大，老来却嫌日月如飞梭。读大学期间也盼着毕业，但是离毕业越来越近时却不知道该如何安排人生。那个年代的人，既不像现在的大学生，恨不得从入学的第一天就操心起日后的就业，也不像如今的年轻人，预期一生中会有无数次的选择机会。至少在第一次职业选择之际，人们做决定的出发点是一念定终身的。在同学间开始越来越多地讨论工作问题的时候，我却没有准备好，不知何去何从。

如果说最后选择了攻读研究生仅仅是因为没有其他选择，也不尽准确。有一个纯属偶然的情况，帮助我做出了考研的决定。在一个与父亲相聚的假期里，我发现萍乡师范学校的阅览室竟然订有全套的中国人民大学复印报刊资料。做人文社会科学研究的人都知道，这套资料按照各个专业领域，以期刊的方式选取并重印各领域最具代表性的文章。我花了整整一个假期，全面浏览和阅读了农业经济专题刊数年的文章，仿佛一下子开了窍，以至许许多多农业经济学术前沿和“三农”发展现状的问题，萦绕在脑子里挥之不去。这是我对自己的专业真正产生兴趣的时刻，由此也确定了读研是必然选择。

1982年毕业前参加了研究生考试。不出所料的是，农业技术课考得一塌糊涂。那也难怪，我们这个班普遍不重视农学、农业机械学、畜牧学等农业技术课，而我作为这几门课的科代表难脱其责。心里暗暗希望其他科可以考得如意，得以弥补。当时感觉最没把握的是政治经济学。

最具戏剧性的是研究生体检那一天。早晨，我纠结于要不要去参加体检，便在校园里瞎转悠。第一个碰见的是教政治经济学的宁玉山教授。当时我担心的是政治经济学考试中资本周转这个题。回答资本周转应该是从论述资本循环开始，可是我解释起资本循环就一发不可收拾，最终忘记回到资本周转本身。到交卷的最后一刻才反应过来，于是最后找补了几句关于资本周转的内容。我问宁玉山教授我这个题答得算不算跑题，他的答复是肯定的。于是我下了决心不去体检。

接下来遇到的是班上同学焦然。他问我有没有去体检，我回答说不必了，反正分数不够。焦然认为应该采取死马当作活马医的态度，硬拉着我去做了体检。这是一个关键的转折点。体检后，在校园里碰到的第三个人，是我们的班长赵荣超。我把全部情况给他讲了一遍，他问我有没有报第二志愿，我说有，是中国社会科学院农业经济研究所。他认为，中国社会科学院考试科目中没有农业技术课，撇开我丢分最多的这门课之后，我的成绩应该是不错的，建议我去请系里老师们向中国社会科学院推荐。

78级大学生毕业的1982年，情况与今天的大学生就业形势截然不同。当时的大学生绝对是天之骄子，基本上可以在国家机关、事业单位、国家级研究单位和高校中进行选择。所以，其实读不读研究生并无多大的区别。但是，想到为了复习考试，自己花了力气不说，不少同学和老师也倾力相助，就这样放弃似乎对不起自己也对不起大家。于是，我就在赵荣超的督促下，有时还是在他的直接带领下，找了系内系外的许多老师，帮助我向中国社会科学院推荐。

那个时候，学生与老师的关系既融洽亲近，又简单透明。作为学生的我，跑去找老师推荐，老师通过自己的熟人向中国社会科学院农经所（农业经济研究所）推荐我，丝毫没有走后门的意思，也没有送礼的想法和举动。老师们认为做这件事是理所当然的。记得当时系里的不少老师都被我请出来了，包括资深的张福山老师、系主任田新老师、系副主任张平老师，还有当时担任全国农业经济学会秘书长的严瑞珍老师，都分别向中国社会科学院推荐我。中国人民大学苏联东欧研究所的周新城老师本来希望我留在他那里搞研究，听我说愿意把读研当第一选择后，也主动做了一个推荐人。

恰好在那个时候，系里的张福山老师与中国社会科学院的张思骞研究员一道，作为副主编集中在中央党校编撰《中国经济大辞典·农业经济学卷》。张福山老师平时没有给我们上课，与我们接触也不多，听了我的情况和请求后，即刻到系里了解我的情况，得到积极的介绍之后就找了张思骞老师，而后者随即向农经所提出愿意对我进行面试。面试之后自然就是录取和大学毕业暨研究生入学，导师便是张思骞。

张思骞老师给我的第一个感觉就是，他为你着想的比说出来的多得多。由于他话并不多，我又在老师面前略感拘谨，有时我为了热闹一些，总是约上师母魏道南指导的两个学生一起去看望老师。而魏老师互补了张老师的寡言，所以，我们永远不会为谈话的冷场而担心。

与安希伋先生一起参加研讨会

然而，正是张老师为我量身设计了基础性很强的课程安排，如中国社会科学院经济研究所几位知名经济史学家讲授的中国经济史，北京农业大学安希伋教授讲授的农业经济学史，董凯忱老师讲授的几近绝学的比较农业史，周新城老师讲授的苏联、东欧农业经济，并亲自出面请到了这些顶尖的老师授课。

事实上，这几门课仅为我一人开设，有时干脆就是在老师的家里、办公室或者研究所的会客室听课。这些课程的授课老师，按照今天的说法，皆是“大腕”级别的。而难以想象的是，今天的“大腕”们可以单独为一个硕士生开课。而恰恰是这些课程，开阔了我的思路，也激发了我的理论兴趣，以至随后研究生毕业时，我已经想象不出除了做研究，还有什么工作可以带给我同样的乐趣了。所以很自然地，到了研究生毕业之时，我仍然不愿在众多就业机会中做选择。而当时，不选择的结果就是留在研究所。

从那以后，我又在职攻读了博士研究生，师从刘文璞研究员。先是在中国社会科学院农村发展研究所工作了八年，后转到中国社会科学院人口研究所担任副所长，几年后担任所长并将该所研究领域成功拓展到人口与劳动经济学。从中国社会科学院最年轻的研究所所长，经16年而成为最资深的所长之后，自2014年起担任副院长。30多年的时间里，即便担任繁重的科研管理和行政工作，也未曾离开研究一线，从未停止自己动手写作论文和专著。

有两位国外经济学家（David Blanch Flower和Andrew Oswald），对72个国家的大规模样本进行分析，在控制了相关变量后发现，个人的幸福感在人的一生中遵循一个U字形曲线变化，即在起止年龄上都是快乐的，而在中途即大约47岁时处于幸福感的谷底。且不管作者如何解释，如果简单地把这个结论应用于中国人的幸福感变化，与许多用稳态思维观察中国经济的研究有相同的不足之处。

如果说在一个相对变化较小的社会，可以用个人心理成熟曲线解释幸福感变化的话，在像中国过去几十年发生翻天覆地变化的背景下，在个人心理因素与社会变迁因素之间，哪一个更具有决定性的作用，似乎也不难确定。

我赶上了这个发生巨变的时期，恰好又从事了这个对社会经济变迁高度敏感、相互对接的经济学家职业。至少就我本人来说，虽然一生中经历了很多事情，幸福感有起有伏，但总体而言是幸运的。美国诗人弗罗斯特在《未选择的路》这首诗中写道：“一片树林里分出两条路，而我选了人迹更少的一条，从此决定了我一生的道路。”我对这个“难以再回返”的选择，没有什么可“轻声叹息”的。

贰

以经济研究紧跟时代

党的十九大报告做出“中国特色社会主义进入新时代”的重大政治判断，分别从中华民族谋求复兴的近代史、科学社会主义运动史和人类社会发展史的角度，揭示这一新时代的重大意义。自1978年以来，中国改革开放的实践探索和理论创新，正是处于具有这种历史意义的时代。每一个生活在这个时代的中国人，无疑亲身感受到了时代的变迁及其与自己生活变化的关系。

美国经济学家劳伦斯·萨默斯喜欢设想未来的历史学家如何看待我们所生活的时代。他认为，300年后，当历史学家谈起我们所处的今天，可能不会记得冷战的结束，不会记得“9·11”事件，而必然会大书特书中国的高速经济增长，因为这在人类历史上第一次做到，在一个人的生命周期内生活水平可以提高100倍以上。其实他算的这笔账并不十分准确。作为经济学家，我重新进行了估算，把中国改革开放时期的经济增长，与工业革命以来几个“高速成长”大国（英国、美国和日本）在相应时期的增长表现进行比较。

英国在1880—1930年，人均GDP年均增长率只有0.9%。以1880年出生人口预期寿命50年算，此期间平均一个英国人可于自己的一生中感受到生活水平提高56%。英国的这一增长表现，是对绵延数千年马尔萨斯贫困陷阱的第一次突破。继英国和其他西欧国家之后，美国成为又一个现代化强国。1920—1975年，美国的人均GDP年均增长率约为2%。以1920年出生人口预期寿命55年算，那一代美国人终其一生，生活水平可以达到近一倍的改善。日本是亚洲第一个成功赶超、实现了现代化的国家。1950—2010年，日本的人均GDP年均增长率超过4%。以平均预期寿命60年算，1950年出生的日本人，终其一生，生活水平提高了将近10倍。

自20世纪80年代初起，改革开放把中国推进高速增长的轨道。在1981—2011年的30年间，中国的人均GDP年均增长率为8.8%。以平均预期寿命68年算，1981年出生的中国人预期可以活到2049年，即中华人民共和国成立100周年之际。如果过去的增长速度得以保持，终其一生，一个典型的“80后”中国人的生活水平提高了数百倍。虽然中国经济增长未来不会保持既往的速度，但是其所创造的增长奇迹，无疑可以提前载入人类社会发展史册。

恰好在这个时代的起点上即1978年，我进入农业经济学领域，由该专业入手学习经济学和从事经济研究，迄今学术生涯已届40年。其间，中国的改革开放过程固然不乏犹疑徘徊，经济和社会发展也经历了跌宕起伏的过程，但大方向和总趋势是不断取得突破和跨越。正是由于我个人生活和工作都与这个创造奇迹的年代紧密联系在一起，忧其所忧、乐其所乐就成为职业习惯，也体会到了比生活水平改善更多的东西。

一 通过调研而启蒙

无论是在大学阶段还是在读研初期，对于农业、农民和农村（后来官方和学术界皆称之为“三农”）问题的了解，主要靠阅读学术刊物。虽然对于研究文献中对传统人民公社体制的批评，我有插队经历来帮助理解，但是对于农村改革带来的变化以及发生的新情况，则缺乏直观的印象，因而也没有切身的感受。打通农村现实存在的问题与文献里讨论的问题之间的分离状况，始于1983年进行的一系列基层调研活动。

当时的调研是中央安排的任务，主题是“卖难”，包括卖粮难、卖棉难、卖水产品难和卖茶难等。总之一句话，当时出现了各种各样农产品的卖难问题。改革开始之前，中国是一个典型的短缺经济，农产品更是严重不足的国家。从1977年全国人均拥有农产品的年产量看，粮食不到300千克，棉花只有2千克，油料4千克，糖料21千克。随着家庭联产承包制的推行，增产效果一下子就显现出来了，到1983年人均粮食增加了26%，棉花增加了1倍，油料增加了1.4倍，糖料增加了84%。虽然绝对量尚属于严重短缺的水平，但是由于变化过快，收购、仓储、运输等都凸显能力不足，所以全国各地普遍出现了卖农产品难的现象。

除了跟随导师张思骞等一行到湖北、广东、福建等地调研之外，1983年冬天，我还直接接受了杜润生为主任的国务院农村发展研究中心的委托，去安徽调查卖粮难。时任该中心联络室负责人的王岐山同志亲自给我们交代任务，并详细讲述应该如何进行调研。记得那次谈话结束时，他建议我们一定要去凤阳县看一看。我们分头在安徽省一些地区调研之后，作为最后一站，也是遵照王岐山同志的要求，我与同学顾秀林一道去了凤阳县。

如今在天安门广场东侧的国家博物馆中，收藏着一件

小岗村调研

作为改革开放见证的文物——凤阳县小岗村18家农户写下的“血书”。在我们去调研的时候，安徽凤阳也是很出名的。凤阳是明太祖朱元璋的家乡，凤阳花鼓更是远近闻名。自明清起，凤阳即以“三年恶水三年旱、三年蝗虫灾不断”的常年灾害和极度贫困著称。成群结队的灾民身背花鼓逃荒要饭，因此凤阳花鼓成为贫穷的符号。

20世纪70年代后期，人民公社体制进入其最具破坏性的时期。1978年冬天，小岗村的农民按照多年的习惯，准备外出讨饭自救。然而，1978年注定是一个不同寻常的年份。12月18日至22日，中共中央十一届三中全会在北京召开，重新确立了党的解放思想、实事求是的思想路线，决定把全党的工作重点转移到经济建设上来，为改革开放奠定了理论基础。

小岗村的村民未必知道这个会议的召开以及会上讨论了哪些问题，当时通过的文件也没有明确肯定包产到户。但

1993年陪同杜润生等调研（从左到右：韩俊、朱厚泽、杜润生、朱守银、蔡昉）

是，政治气氛毕竟已经不同。于是，村民们觉得有一种与逃荒要饭不同的选择，即开始酝酿摒弃生产队大呼隆式的劳动方式，实行包产到户。在那个时代，这仍然是一个冒天下之大不韪的举动。于是就有了18家农户写下字据，每家户主纸上有名，并以红色印泥留下指印，生产队队长也下决心带着大家分田到户。

包产到户或其更彻底的形式包干到户，被统称为农村家庭联产承包责任制，随后在全国得到推行，并导致人民公社体制的废除。这是对传统计划经济体制的最初突破。而小岗村的颠覆性制度创新，也就理所当然地被认为是中国经济改革的先行实践。1980年初，全国实行家庭联产承包责任制的生产队仅占1.1%，1980年底即增加到20%，而到1984年底，这一经营形式便覆盖了100%的生产队和97.9%的农户。

改革推进如此之快的原因在于，其改进激励和增加产量的效果惊人显著，因而先行者的经验不胫而走。虽然改革的增产效果也导致全国各地普遍出现卖农产品难的问题，但可喜的是温饱问题由此开始得到解决。所以，1983年我们去调研的主题，也可以说是中国经济最初显现的成长烦恼。

凤阳县特别是小岗村的故事，形象地展示了改革的效果，或者说正确的激励如何显著改善经济表现。自那次调研之后，我又去过几次凤阳县及小岗村，并概括出中部地区农村一度陷入“温饱陷阱”，以及21世纪“三农”新政帮助其打破该陷阱、实现新跨越的故事。

在中国社会科学院农村发展研究所工作的八年时间里，也是我全身心研究“三农”问题的时期。其间，我先后进行了多次调研，其中印象深刻的有到东北考察雇工经营的情况，到河北蠡县调查商品经济发展，到北京窦店村、天津大邱庄、江苏华西村等地观察硕果仅存的集体经济特例，比较苏南模式、温州模式与其他模式的异同和优劣等。

尽管之后我的研究重心转向劳动经济学以及更加宏观的经济发展问题，但是我始终保持着到农村、企业、社区等基层调研的习惯。即使在担任领导职务、行政事务日渐繁忙的情况下，除了参加全国人大组织的各种调研之外，我也会利用外出开会等机会，请地方的合作单位安排去经济活动一线，哪怕只是看上一眼。虽然这种调研越来越近乎走马观花，但总还是可以把自己思考的东西，与现实中发生的事情做个对照，无论是正面的支持还是反面的质疑，仍然可以当作社会科学研究中一种不严格的科学证伪过程。

二 穷人的经济学

1998年我出版过一本书——《穷人的经济学：农业依然是基础》。从书名便可以看出，这是一本关于农业经济的书。起这个名字是受到诺贝尔经济学奖获得者、已故美国经济学家西奥多·舒尔茨的启发。在1979年获奖讲座的开篇伊始，他就指出：世界上大多数人是贫穷的，因而如果我们懂得了穷人的经济学，也就懂得了许多真正重要的经济学。世界上大多数穷人以农业为生，因而如果我们懂得了农业的经济学，也就懂得了穷人的经济学。

既然我的那本书研究的是“三农”问题，于是就将书名定为《穷人的经济学：农业依然是基础》。在2005年“两会”记者招待会上，温家宝总理也引用了舒尔茨的这段话。我也愿意承认，以穷人为对象，是我学术生涯始终关注的重点，也自觉成为我从事经济学研究的价值取向。

1993年我被调入中国社会科学院人口研究所担任副所长。当时分管经济学片的刘国光副院长对我说：“考虑到你曾经研究农村劳动力转移，而人口迁移也是人口学的一个重要领域，所以也算是专业对口，如果两年之后你觉得不合适，可以再调整工作。”没承想这一干就是21年：担任5年副所长之后，随后又当了16年的所长，从起初中国社会中国社会科学院最年轻的所长干到任期最长的所长之一。

的确，人口的机械变动即迁移，是人口学研究的一个十分重要的内容。而我之前所关心且作为博士论文主题的农村劳动力转移是改革开放时期中国人口迁移的主要表现。1986—1989年在从事研究的同时，我师从刘文璞先生攻读博士学位。当时看到了伴随农业经济改革剩余劳动力的显性化和初步的转移（主要是到乡镇企业就业），也通过翻译和介绍性的文献，接触到二元经济理论，最后以《中国的二元经济和劳动力转移》进行答辩，并于1990年由中国人民大学出版社出版，这是我的第一本专著。

调到人口研究所之后，自然要延续这个方向的研究。在那个时候，决策者甚至全社会，都还不懂得农业产值份额和就业份额下降是经济发展的规律，对劳动力从农业向非农产业乃至城镇转移的意义也认识不足，规模尚不庞大的农民工被称作“盲流”（即盲目流动人口）。所以我最初的写作目标，一是向人们解释剩余劳动力为什么需要转移，二是说明这个转移行为是理性的而非盲目的。

就第一个目标来说，我当时观察到一个现象：在产业结构发生变化或农业份额下降时，呈现出农业的就业份额下降滞后于产值份额下降，导致农业比较劳动生产率的低下。就第二个目标来说，我主要以发展经济学著名的托达罗模型为标靶，通过批评其劳动力流动研究中的理论缺陷从而导致政策偏倚，推动决策者和社会对这个必然历史过程能有正面认识。

我和同事也研究了在户籍制度等体制约束下，城市政策的周期性变化对劳动力流动的影响。时至今日，这种政策倾向仍然周期性地出现。一些城市的政府从局部目标出发，采取对农民工不甚友好的政策，不仅损害了民生，也破坏了经济社会发展的大局。然而，时代毕竟大幅度地进步了。当年的这类政策举措也被市民所认同，以至一位国外学者曾经以《中国舆论为什么总是负面对待农民工》为题写过一篇文章，而如今，对待城市驱离农民工的尝试，绝大多数市民都是不赞成的。

对于一个持之以恒以问题为导向的学者，研究重点的变化是有内在逻辑的。伴随着城市就业制度的改革和下岗失业现象的出现，我先是把农民工问题与城市就业问题结合起来研究，进而转向研究更加一般的劳动力市场发育问题。再进一步，我又把劳动力转移和重新配置作为中国经济高速增长的一个重要源泉进行研究。很自然地，在21世纪第一个十年发生的经济发展阶段变化，促使我得出刘易斯转折点到来的判断。

除此之外，我在真正意义上的人口学方面，确实没有做出什么贡献。严格地讲，人口学（Demography）主要是对人口出生、死亡、机械变动，以及其他人口特征的统计分析。从这个意义上看，我只涉及对作为人口机械变动的一种特殊形态——劳动力迁移——的研究，应用的方法论完全是经济学的。不过，这也符合当今人口研究的潮流。在国内外大学里，一般不设人口学系，但是设有很多人口研究中心。其功能是凝聚经济学、社会学、政治学等各学科的研究者，以不尽相同的方法论和研究手段，研究人口现象和问题。

从这个意义上看，我或可被算作人口研究领域的工作者。不过，在诸如论坛、研讨会上讲话和接受媒体采访时，我往往会声明一番，说自己不是人口学家。这样做既非谦虚更非不屑，除了陈述事实即无论教育背景还是研究领域都是

曾经年轻的农业经济学家（1994年在三峡的留影，从左到右分别为汪三贵、何秀荣、柯炳生、蔡昉、温思美）

真正意义上的经济学外，主要是出于两个原因。

首先，我明白许多人口学界的研究者并不把我引为同仁，虽然他们与我个人关系良好，因而这种想法本身并无恶意。毕竟，我采用的研究假设和方法，甚至讲故事和推导结论的方式，都是完完全全的另类，与人口学家倡导和习惯的方式大相径庭。

其次，我也不希望同行和读者从人口学的视角，去理解我关于人口红利在中国高速增长中作用的解释，以及对人口红利消失的判断。这些理论解释、经验验证和对未来的判断，统统属于经济增长的问题范畴。仅仅从人口学出发，既难以讲明白这些分析所依据的道理，也无法理解其中蕴含的政策意义。对此，我会在下面的章节做详细的说明。

如果说，人口学家没有感受到我作为中国最大规模人口研究所所长所做出的贡献，但我本人却从人口学中实实在在学到了对自己的研究至关重要的东西。这里我举出两个例子，一个是实至名归的人口学理论，另一个是为自己观察问题方便而总结的“拇指规则”。

对于一个研究经济增长或发展问题的学者，我认为他一定需要懂得人口转变理论。早在刘易斯关于二元经济发展的文章发表之前，也是在马寅初教授的《新人口论》发表之前，人口转变理论的成熟形式已经公开发表了。沃伦·汤普森（Warren Thompson）最早识别出人口转变的三个阶段，随后有人又划分了人口转变的五个阶段。但是，因为当时的文献都没有做出关于生育率下降的标准理论解释，所以“人口转变理论之父”的称号被授予做出后一贡献的弗兰克·华莱士·诺特斯坦（Frank Wallace Notestein）。

根据许多发达国家早期的人口变动经验，人口学家总结出：各国的人口变化通常要经历一些共同的阶段。第一阶段与经济发展的较低阶段相对应，以高出生率、高死亡率以及低自然增长率为特征；第二阶段对应着一定的经济发展、健康和卫生条件改善，表现为高出生率、低死亡率以及高自然增长率；第三阶段则是在较高的经济发展阶段上达到的，表现为低出生率、低死亡率以及低自然增长率。

一旦了解并弄懂了这个理论，研究者便可以明白如下的道理：生育水平从高到低的变化，归根结底是人们收入水平提高的结果，是由经济发展阶段决定的。至于限制人口或者鼓励生育的政策，在其中的作用充其量只是锦上添花而已。这个道理不仅帮助我们反思已经发生的事情，如评价关于计划生育政策的历史争论和实施效果，也帮助我们形成对未来的正确预期，如预判计划生育政策调整的可能结果。

被称作“中国人口学之父”的马寅初教授，以经济学家的身份陷入人口政策讨论的旋涡之中。他确实不懂得人口转变理论，也不像刘易斯那样，尽管没有证据表明后者明显引用了人口转变理论，却自觉或不自觉地把人口转变置于第二个阶段，即外生的人口死亡率下降和高出生率的惯性导致人口自然增长率处在很高的水平上，作为其二元经济理论的立论基础。

所以，应该说马寅初教授敏锐地做出了关于中国人口变化的观察，却做出了不符合规律的预测，进而开出了错误的药方。保罗·克鲁格曼尽管关注的是不同的问题，在这一点上却有相似之处，即由于不懂得人口转变理论，也不愿意承认存在着一个二元经济发展阶段，因此一次又一次地误判中国经济的发展前景。把人口转变规律与经济发展阶段联系到一起，认识中国改革开放的经济增长、结构变化和就业规模扩大，则是我不断聚焦的研究方向。

如果一个人只是出于好奇心，或者仅在其他领域做好本职工作之余，有兴趣思考一些与人口相关的问题，我愿意把自己发明的“拇指规则”奉献给他。当我们把人口作为一个整体来观察时，应该关注的最重要结构特征莫过于“队列”（或者叫“代际组群”，英文为cohort）关系。也就是说，我们可以把人口的动态变化看作一个依队列关系而对之前的出生状况不断发出“回声”的过程。

假如在某一个初始时点上，无论是由于人口转变的阶段特征引发一个婴儿潮，还是由于某种特殊的外在因素造就一个一次性的出生高峰，这个出生人口都会在以后的时间点上再现自己。例如在A年以异常数量出生的0岁人口，在A+4年就产生一个回声，表现为数量突出的0～4岁人口，在A+20年的回声则表现为异常规模的新成长劳动力，在A+60年的回声便是格外大的退休人口群体。

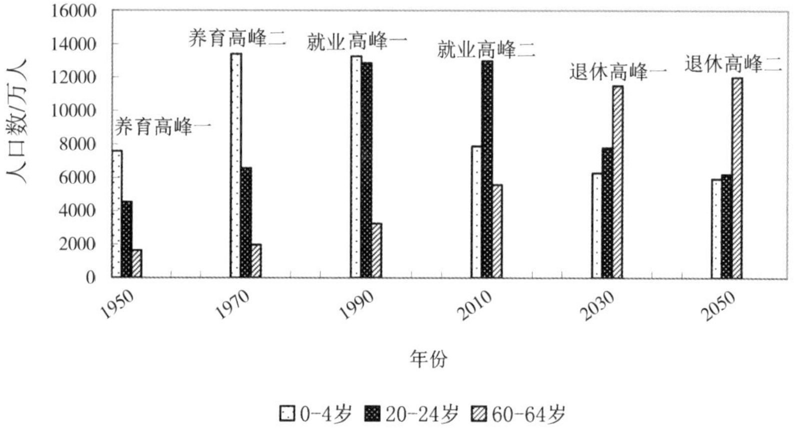

人口发展的回声效应

日本著名财经评论人堺屋太一曾经写过一部小说《团块世代》，讲的也是“婴儿潮”的回声效应。如上图所示，可以十分清晰地从统计学意义上观察到这个反复出现但逐渐减弱的回声。从不那么严谨的意义上看，刻画出这样一种回声轨迹，也有助于人们认识以劳动年龄人口快速增长、人口抚养比持续下降为特征的潜在人口红利，以及以这一过程被逆转，即劳动年龄人口负增长、抚养比上升为特征的人口老龄化。

实际上，这种回声效应也会以其他形式表现出来，即某一队列人群人口特征中的某些独特性质，会一次又一次地再现。甚至许多有心人还发现，一代人与众不同的思维方式和行为方式，终究也会在后来的某个特定的年龄段上，以相同的根源却不尽相同的方式表现出来。

诸如此类的有些特征是十分明显的，因而也是可以直接说出来的，譬如遭遇过“文革”而没有受到良好教育的人群，在“打破铁饭碗”的就业体制改革中就首当其冲，在其40~50岁下岗失业，当时被称作“4050”人员。另外一些情形却难以启齿，或者至少是政治上不正确的说法，例如，有人认为那些跳广场舞或公路“暴走”而不顾社会公德的现象，也是某个特定人口队列的人力资本对行为方式的一种回声。

我自创的这种人口回声观察法，分别在宏观视角和微观层面帮助自己理解经济社会现象、揭示发展逻辑，以及解释个体和群体行为。由此，作为研究者，既能够站在奥林匹斯山顶，把握长期发展的大逻辑，又得以脚踏塞萨利平原，贴近现实的民生民情。

例如：从宏观上理解人口转变特定阶段的现象，揭示劳动力转移的必然性，以及劳动力重新配置对于中国经济增长的意义；认识中国终究要遭遇未富先老问题，阐明与之相关的经济增长减速等现象，在微观上理解在劳动力市场冲击下与一代人相关的下岗现象、这些群体缺乏技能因而不能适应产业结构调整需要的困境，以及缺乏充足养老资源的老龄化难题等，并提出相应的政策建议。

2006年，香港英文报纸《南华早报》发表了一篇关于我的报道，作者是一位黄姓资深撰稿人。他在开篇伊始便写道："孟加拉国诺贝尔奖获得者缪罕默德·尤努斯（Muhammad Yunus）以创建格莱珉银行而被称为穷人的经济学家，而中国内地很早就有与其对等的人物，那就是蔡昉。"他写该文章前与我联系时称：他长期以来就关注我的研究，钦佩我始终不渝地研究农业发展、就业与农民工等问题，为穷人而发声。

此前也有记者称我为穷人的经济学家。由于我的研究从问题出发而涉猎颇广，常常不知道该把自己算在经济学的哪个门类，能够从民生关怀的角度获得这样一个称号，我颇感自豪也乐于接受。虽然我与尤努斯从未谋面，但多年以后我曾经指导的博士后杨广贡在孟加拉国工作期间，曾经对尤努斯提及自己是我的弟子，尤努斯博士马上表示："我知道蔡昉其人，也关注着他的研究。"

三　从中国奇迹到中国智慧

在农村发展研究所从事"三农"问题研究的时候，我就感到：经济学本不应该画地为牢，人为分支出以产业界定的某某经济学；经济学家也不必把自己限定在一个狭隘的专门领域。在后来长期的研究中，这个认识越来越清晰。其一，经济学的理论和方法应该是可以应用于所有经济现象乃至社会现象的；其二，研究者应该从认识现实和找出对策出发，而社会现实本身并没有在经济问题、社会问题和政治问题之间划出界线。

最初有这种认识，本是尝试自觉地跳出狭隘的部门观点，用一般经济学理论、从更为宏观的视野上认识和理解农业经济问题。后来开始了与林毅夫和李周的合作，则直接把研究的关注点放在了中国经济改革和发展的问题上。我们从1988年研究走出通货膨胀困境开始，在1994年出版了具有持续影响力的《中国的奇迹：发展战略与经济改革》一书。

在我们埋头写作这本书的时候，世界银行在1993年发布了《东亚奇迹——经济增长与公共政策》报告，首次把东亚经济体特别是“亚洲四小龙”卓尔不群的增长表现公布出来，包括中国台湾和中国香港地区以及韩国、新加坡在内的“亚洲四小龙”，先于中国大陆（内地）实现了高速经济增长，引起经济学家的关注。而正是世界银行的这篇报告，正式称之为东亚奇迹。1994年，我们的书出版，第一次把中国改革和发展称为奇迹。

在国际上，以阿尔文·扬教授等为技术支持，以保罗·克鲁格曼为推广总监的一些经济学家，坚持不懈地批评东亚模式，否定东亚奇迹。因为在英文中，我们所说的“四小龙”原文为“四小虎”（Four Tigers），所以克鲁格曼干脆将其称为“纸老虎”。扬教授基于新加坡数据进行的计量研究结果显示，新加坡全要素生产率并没有得到改善，经济增长只是靠资本和劳动等传统要素的投入。因此，他们认为新加坡等东亚经济体的增长，与当年苏联经济别无二致，也是不可能持续的。

当时的中国改革开放虽然取得显著成就，但仍处在前景不清晰的探索中，或孔子所谓“十有五而志于学”的阶段。

因此，对于我们所说的“中国奇迹”，在当时不仅“克鲁格曼们”尚未放在眼里，多数中国学者也不认同。我们所做中国经济总量超过日本和美国的预测，也自然没能在学界取得共识。

我们这本书甫一出版，便引起中国经济学家的激烈争论。回想起来，在相当长的时间里，论辩的“反方”，至少就群体规模来说远远超过“正方”及其同盟者。与此同时，该书也因翻译成多种文字在海外出版，而引起国际经济学界的关注。由于那个时候中国经济学家撰写的英语出版物尚不多见，美国、日本等国的一些大学先后将其选作发展经济学或中国经济等课程的教材。

林毅夫的雄心所在，并不仅仅是用经济学的框架总结中国的改革开放，引起国际主流经济学界的关注，而且从一开始就希望把中国经验提炼为具有一般意义的理论解释。此后在他担任世界银行首席经济学家期间，获得了进一步发挥的舞台，并逐渐形成了新结构主义经济学，而且应用于非洲的经济增长赶超实践中。

虽然从客观上说，林毅夫和我后来都承担着繁重的行政工作，密切合作已经不现实；从主观上说，我从思想上也确实未能跟上这个经济学流派，尤其是其后来的演变，但是我们都继续做着把中国经验升华为一般理论的相同努力。所以说，我们在研究上并没有分道扬镳，但是学术研究终究需要多样化和多路径。

既然中国奇迹越来越成为不可回避的话题，扬教授和克鲁格曼自然把批评的矛头从其他东亚经济体转向中国。在克鲁格曼于1994年发表的文章《亚洲奇迹的神话》中，在否

与林毅夫交谈

定东亚奇迹的同时，就捎带把中国经济增长也归为“纸老虎”的范畴。之后，扬教授又写了几篇文章，否定中国经济增长可持续性，用其最为拿手的统计学伎俩，一心要将中国经济“化神奇为腐朽”（原文为gold into the base metals）。我把他们这一系列研究及其结论，统称为“克鲁格曼-扬诅咒”。

撇开先入之见不说，扬教授和克鲁格曼这些大牌经济学家，在这个问题上存在的最大缺陷是，在分析包括中国在内的东亚经济体时，坚信并守护新古典增长理论的信条——劳动力是短缺的，因此资本报酬递减现象一定发生，而不愿意承认这些经济体具有的劳动力无限供给特征，否定存在着可以成为增长源泉的人口红利。

另有一些国外经济学家十分推崇中国经济增长绩效，甚至认同“中国奇迹”的说法，但是受到世界银行前首席经济学家钱纳里的影响，隐约地认为中国经济增长并不具备必要的发展条件。也就是说，除去改革带来回归生产可能性边界的一次性效应之外，中国经济并不能指望长期可持续的高速增长。

我用了多年的时间揭示了作为人口转变结果以及计划经济遗产的剩余劳动力，如何退出低生产率的农业，在城乡之间、地区之间和产业之间流动，进而进入生产率更高的城市非农产业，实现重新配置，不仅从数量和质量的意义上为高速增长提供了劳动力，也避免了出现资本报酬递减现象，并主要通过资源重新配置效率，提高了全要素生产率。因为在总体生产函数这样的增长核算等式右边的变量都直接或间接地与改革时期有利的人口因素相关，所以这些因素提高了潜在增长率，又通过改革实现了实际高速增长，意味着人口红利以真金白银的形式被兑现。

这项工作长期以来面临着极大的困难，最主要的是：以一己之力很难把人们的习惯性思维扭转过来。我不厌其烦地反复写作，尝试讲清楚其中的道理。逢山开路、遇水架桥，这些年所做的研究，几乎都是为此铺垫理论和经验的基石。遗憾的是，无论是经济学家同行还是人口学家同行，至今不愿意花时间认真予以思考。

让人最没能预料到的，反倒是克鲁格曼本人的反应。不知是直接还是间接了解到这些争论，在“诅咒”的最新版本中，他承认中国过去是一个二元经济发展过程，承认刘易斯转折点到来。当然，由于成见所在，他虽然正确地指出了中国到了必须转变发展方式的时候，但又不讲道理地认为中国实现不了这个必要的转变。

我个人的努力得到的回报却是丰厚的。这些工作以及由之形成的认识框架，使我能够最早做出刘易斯转折点到来和人口红利消失的判断，最先懂得中国经济减速是供给侧的因素使然，指出经济增长动力必须转向全要素生产率提高。经过与其他经济学家一起长期呼吁，引起了决策者的重视，因此提高全要素生产率的要求被正式写进党的十九大报告中。

通过阅读发展经济学和经济史文献，我有了进一步的发现，试图写文章证明，二元经济作为一个发展阶段或发展形态，并非中国独有，甚至也不为东亚经济体所特有，而是许多国家都先后经历过或者终将经历的一般过程。

揭示这个历史事实和经济学道理，是为经济学家开启一个机会窗口，为中国经验的一般化提供一条路径，借此把中国故事转化为中国智慧乃至中国方案，进而为经济学的发展和人类社会发展做出自己应有的贡献。诚然，这绝非坦途。至于我本人对待这个任务的态度，虽然在现有知识结构下参与这类讨论，等于给自己加了个负担过重的套，但是这种智力挑战也很诱人，我倒是乐意在这条道上负重前行。

四　抓住宏大命题

在经济学说史领域有一个所谓"大书"理论。马克·斯考森在《现代经济学的历程》一书中，引述了经济史学家加里·诺思（Gary North）的一个观点：制造一场经济学革命需要一本大书，并举出了斯密、马克思、熊彼特等数以千页计的著作为例。不过，我们立即可以举出许多反证，即不乏以较小甚至相当小的篇幅引发经济学革命的著述：凯恩斯的

《通论》篇幅不算大，马克思和恩格斯的《共产党宣言》更为精炼，而科斯以《企业的性质》等一两篇文章即摘得诺贝尔经济学奖。

改变一下“大书”的定义，或许可解决这个说法上的矛盾之处。一位长期在美国任教的印度裔经济学家阿文德·苏布拉马尼安（Arvind Subramanian），在担任第16任印度政府首席经济顾问期间，已经在计划着离职后写一本“大书”。这不难理解。与他有着相同经历的考希克·巴苏（Kaushik Basu）教授，就是从这个位置离开之后，撰写出版了《政策制定的艺术：一位经济学家的从政感悟》。不过这本书从篇幅来看绝谈不上是“大书”。不过，苏布拉马尼安举了一个例子，说每个印度作家都希望写一本自己的《午夜的孩子》。

这里说的是印度裔作家萨尔曼·拉什迪（Salman Rushdie）的作品。许多人都知道，拉什迪因《撒旦诗篇》被认为亵渎伊斯兰教而被追杀，但国内鲜有人真正读过他的书。这本《午夜的孩子》以20世纪的印度为背景，以一个虚

➲ 在辽宁农村考察

构的家族兴衰史，多视角、全方位地展现了殖民时期和后殖民时期印度社会各阶层的思想和生活状况，颇似老勃鲁盖尔的历史风俗画。这部魔幻主义小说，就篇幅而言远算不上是“大书”。

由此来看，“大书”并非一定是指篇幅的厚重，只需有足够开阔的视野和厚重的历史感，能够包容作者关于这个世界的全面而深刻的看法，就可称之为“大书”。我对这种“大书”理论的理解是：经济学家选择的必须是具有宏大背景的题材，为此则需要形成一个对世界的全面认识体系，同时又能够描绘出最具时代色彩的实际生活画卷（可以想到《清明上河图》）。而直接的抓手，便是把自己的研究与知识界（乃至更一般地说人们）所普遍关心的命题联系到一起。这样，进一步拓展的话，“大书假说”就可以重新表述为：无论研究的具体领域是什么，都需要基于历史的深厚背景，提出时代的宏大命题，才可以站得高看得远。

从我自己的经历和体会来说，把研究推向写大书的过程并非有意为之。在研究的过程中，由于每一个经济事件都与另一种经济现象相互关联，研究者如果有足够强的好奇心，涉猎领域必然逐渐扩展；许多相互关联的现象背后，可能拥有共同的背景，因而它们可能原本就是同一个因果链条中的具体部分。用统一的框架分析这些看似独立的现象，便把研究者引入到做大文章、写大书、构建大框架这样一条道路上来。

以往人们把农村实行家庭联产承包责任制主要看作是激励机制的改革，而忽略了其赋予农民资源配置权这一同等重要的效果。资源重新配置的最初表现，就是农业剩余劳动力的转移。这是我在农村发展研究所时所做的工作之一，也成为我的博士论文的主题。接下来我们必然要关心的是：劳动力转移出来后到何处去，即如何从种粮转到多种经营、农林牧副渔全面发展，再到离土不离乡的乡镇企业和小城镇发展，进而流入城市和沿海地区的非农产业。这是我在人口研究所工作初期的研究主题。

如果说我最初还是有针对性地论证劳动力流动并不盲目，而是一个理性的过程，随着城市就业制度改革，特别是国有企业打破铁饭碗导致的下岗失业现象愈益严峻化，我便转向一般的劳动经济学研究领域，尝试阐明下岗失业和再就业现象，以及劳动力市场由此获得的发育。相应地，我推动了人口研究所的转型并将其更名为人口与劳动经济研究所。

在努力向中央建议树立就业优先原则并卓见成效的同时，我也发现，就业形势并不像人们感觉的那么严峻，反而得出大家不愿意接受的一些判断。而恰在此时，珠三角地区首次出现“民工荒”现象。实地调查和分析人口变化趋势，使我先是小心翼翼、试探性地提出刘易斯转折点到来的观点，随后斩钉截铁地肯定这一判断。

做出刘易斯转折点到来的判断，一个含义就是就业的数量问题已不再是主要矛盾。由此来看，人们普遍不接受这一判断，除了有传统观念束缚的原因，在一定程度上还是带有感情色彩的部门立场使然。甚至有人不明白，说：“你蔡昉算得上是促使中央接受就业优先战略的有功之臣，宣扬这个新的判断岂不是出尔反尔？”或许还会有人认为这在客观上产生了干扰部门工作的效果。我无力也无意抗争诸如此类的指责，唯有保持良好的心态，放下思想包袱，更深入地去探讨刘易斯转折点的政策含义。

我很早就清楚，只是后来才不得已反复表明，刘易斯转折点到来的核心不是就业形势紧张与否的问题，更不是要不要坚持积极就业政策的问题，而是中国经济发展阶段变化的问题。如果及早了解这一点，政府就能未雨绸缪，对政策做出必要的调整。也可以说，先前的争论，是为中央做出经济发展新常态这一重大判断预先提供了一个学术注脚。

既然刘易斯转折点的到来标志着一个新的发展阶段的来临，也就意味着中国经济迄今经历的发展阶段，有其来龙去脉。这自然而然给我提出任务，从学术角度对其进行分析：一方面要展望未来，看下一个经济发展阶段应该具有什么样的增长特征；另一方面要回望历史，看二元经济发展阶段是如何形成的。

迄今，我已经在这个方向上发表了大量文章。在《二元经济作为一个发展阶段的形成过程》一文中，我把东西方各国的经济发展，典型地概括为马尔萨斯贫困陷阱、格尔茨内卷化、刘易斯二元经济发展、刘易斯转折点和索洛新古典增长。与前人研究的不同之处在于，我界定出一个二元经济形成的格尔茨内卷化阶段，以及从二元经济发展向新古典增长过渡的刘易斯转折点阶段。把中国发展做出这样的恰当定位，自然可以提炼出中国发展经验的一般性意义，最终希望对发展经济学做出贡献。

这样的文章或许不能得到历史学家的认同，但这也在预料和情理之中。中国的历史学研究迄今仍然受到传统范式的主导，也不熟悉发展经济学关注的命题，因而不应奢望历史学家理解我文章的用意所在。我的文章在被《历史研究》冷落，在《经济研究》上发表后，经济学同仁则给予了十分积极的评价。

研究中国的经济发展，终究离不开世界经济发展这个大背景。中国经济跨越刘易斯转折点之后，劳动力成本优势逐渐丧失，制造业的竞争力相应降低，必然在与其他国家的关系上有所反映。我想弄明白的是，将要发生的究竟是遵循东亚走过的雁阵模型，还是中国有特殊的表现。这自然引领我探讨中国经济的大国效应，发现在逻辑上应该衍生出雁阵模型的国内版，进而通过“一带一路”建设回归该模型的国际版。

为此，一个研究者就需要了解世界经济的走向，后者又与国际政治和主要国家的政治经济紧密相关。加之中国日益走近世界舞台中央的新变化，以及我受中国社会科学院党组的委托分管全球战略智库等因素，我的关注点不可回避地要进入国际研究领域，也形成了一些发表的成果。虽然不求甚解乃至贻笑大方，但却是为自己的整体研究计划奠定了一个思维框架、知识背景和立论方位。

叁

辨识发展阶段变化

获得诺贝尔文学奖的美国摇滚歌手鲍勃·迪伦，在《答案在风中飘荡》这首歌中问道：需要走过多少路，一个人才能长大成熟？国家的发展也是一样，总是要翻山越岭、爬沟过坎，才能开创“柳暗花明又一村”的新境界。根据相关的历史经验，揭示出经济社会发展有哪些关口是不能回避的，哪些转折点必须跨越，有助于引起社会关注，对政策制定也具有一定的参考价值。通过诸如此类的研究，经济学家常常会概括出一些关于发展阶段的特定说法。

也有人对这类概括不以为然，认为是一些研究者在造概念，甚至怀疑这类研究的动机，责备其哗众取宠。然而，概念作为思维体系中一个最基本的构筑单位，是理论家把所观察到的事物进行概括，最终抽象为理论的一个工具。因此，制造概念也是进行研究的一个必不可少的中间过程。经济学家在形成相对成熟或成体系的理论之前，常常把现实中的观察结果提炼为一些特征化的事实（stylized facts），就是依据的这个道理。至于哗众取宠之说，如果提出的问题的确有意义，抛砖引玉而启发更多同行参与讨论，应该是有益无害的。

之所以要为研究中的这种现象辩护，是基于以下两个原因。一是中国经济能够在一个人的一生中，就经历了完整的发展过程，即从低收入阶段迈入中等收入阶段，进而进入高收入阶段，实乃经济学家的幸运。再把眼光放远一些的话，我们能够借助经济史文献，加上直接的观察，看到中华民族由盛至衰，再至盛的伟大复兴。记录和解说这样的恢宏经济发展历史，揭示其一般规律，当然要尽可能使用抽象的方法和规范的语言。

二是我本人与相关的概念制造与流传有关。例如：堪称原创、争议最大、流传最广的概念是刘易斯转折点；对区域协调发展有借鉴意义的原创概念梅佐乔诺陷阱；并非作为学术概念提出但能够讲清楚一个道理、不乏参考意义并为人们记住的雷尼尔效应。此外，对于有助于认识上鞭辟入里、政策上未雨绸缪和宣传上不胫而走的其他概念，我即便不是原创者，却也参加了相关的讨论。

一 对农业保护的预警

中国农村普遍实行家庭联产承包责任制之后，一下子解决了温饱问题。农业经济学家和政策研究者随即提出农村第二步改革的命题。在20世纪80年代后期和90年代初期，人们激烈地争论着诸多的相关问题，如乡镇企业发展和改革、农村个体私人经济发展、农产品流通体制改革、农产品价格改革、工农业关系和城乡关系调整、实行规模经营等。

一个在较大程度上可以包容上述问题，并且几乎在所有发展中国家，甚至很多发达经济体都没有完美答案的问题，是关于农业的自生发展。恰恰也是出于对这个旷日持久谜题的执着思考，使我在身处“三农”研究领域之外的很长时间内，仍然对此不离不弃。

“三农”研究领域的大多数同行，过去和现在都认为，农业是一个天生的弱质产业，也就是说，这个产业不能自立，也无法靠自主积累和创新发展。不过，虽然大家都异口同声地鼓吹这个观点，但当我想要找到确切的出处，以便有所针对地进行辩论时，却发现几乎没有多少与此相关的严谨文献。尽管有零星文章涉及诸如农业生产的自然风险、自然过程与经济过程相交织的属性，农产品供给价格弹性特点等似是而非的论证，其说服力之弱几乎无从争论。

不过，现实中的中国农业，至少从土地经营规模上可以被看作是一种小生产，而小生产方式无法与非农产业社会化大生产方式相竞争，的确这是我们在学校里学习政治经济学时，就被奉为圭臬的。当代经济学似乎也认同农业的小规模经营有其存在的合理性。将其与以大规模和工业化为特征的非农产业生产方式相比较，农业不能实现自主自生发展的结论，似乎是不言自明的。

一个与此有关的经济学假说，来自诺贝尔经济学奖获得者舒尔茨，并且曾经被引用来为家庭联产承包责任制提供理论依据。舒尔茨以农业中存在着农业生产要素“假不可分性”为论据，否定农业中规模经济的存在，从而阐述实行规模经营的必要。无论人们是否了解舒尔茨的文献，毕竟很多人在认识农业问题时，都或多或少陷入了美国作家梭罗在《瓦尔登湖》中描绘的田园诗般生产方式的神话，耽于自给自足，自得其乐。

所以，早在探讨第二步改革时起，一直到今日，“三农”研究者总是呼吁通过形成价格保护机制、设立贸易壁垒、限制市场范围、扩大补贴和政府投入等手段，对农业进行保护。应该说，面对长期以来工农业产品价格剪刀差，以及其他造成农业资源无偿流出等剥夺性政策，呼吁实行“农业休养生息”政策，无疑是正当的。我在很长时间里对此也没有怀疑。至于规模经营问题，出于对集体经济回潮的担忧，我一度也持十分警惕的态度。

1992年在斯坦福大学做访问学者

1992年在斯坦福大学为期三个月的访问期间，我坐在食品研究所图书馆一个狭小逼仄却窗明几亮的格子间里，每天面对着胡佛塔，阅读了大量农业发展政策方面的文献，思考中国农业发展，并形成了一些想法。回国后，又接触了曾在关贸总协定任职的澳大利亚学者蒂姆·安德森和日本经济学家速水佑次郎等人对东亚农业，以及郜若素（Ross Garnaut）等人对中国农业的研究成果。这些研究与我对中国农业的思考竟不谋而合，从而激发出我以“转折点”命名的观点，我独自或与郜若素和黄益平合作发表了一系列文章。

从农业发展的国际经验中，我发现（发展中国家）以剥夺农业为特点的政策，以及（发达国家）以保护农业为特点的政策，其实都是扭曲性的政策，在特定的发展阶段上，两者之间其实只有一步之遥。随着发展政策逐渐对农业有所偏向，农产品价格日益远离对农业的压抑，及至出台支持政策维持价格趋于超越市场均衡水平，就意味着农业政策倾向正在从剥夺向保护转变。20世纪90年代中期前后，中国农业政策正在迎来从一种扭曲到另一种扭曲的转折点。因此，我呼吁要防止中国农业的“东亚化”——走向对农业的保护。显而易见，这种意见虽然切中时弊，但却不合时宜。

2006年在南水北调挂职（与“挂友”吴尚之）

这在当时的确有点惊世骇俗。在参加中国社会科学院关于改革方案的报告写作中，我说服同事接受了这个观点，并提出适当降低粮食自给率的政策建议。然而，“三农”领域的研究者以强调农业地位重要以及对农业进行保护和反哺为己任，面对这种观点，他们结成了同盟一致批评。并且，与后来一些批评者众、赞同者寡的争论情形还不同，在这次关于农业政策扭曲的讨论中，直到卢锋教授从国外回到北京大学任教为止，几乎可以说我没有什么同盟者。

正在此时，美国学者莱斯特·布朗公布了一项成果，发出“谁来养活中国”这一典型的新马尔萨斯式警告，成为半路杀出的程咬金。中国农业经济学家和政策研究者，从此全身心地投入回答布朗之问，而长期忽略了另一个更重要的命题——“中国应该如何养活她的人口”或农业生产方式现代化问题。

在拓展刘易斯理论时，费景汉和拉尼斯指出，当农业劳动力转移到边际生产力不再为零的时候，如果劳动生产率不能与劳动力短缺的程度相匹配，则会导致农业供给的不足乃至农业衰落。因此，他们把第一个刘易斯转折点也称为食品短缺点。鉴于我脑子里记着这个理论命题，所以，为了观察刘易斯转折点之后中国农业的状况，我适时地回过头来涉足农业问题，发现在看似莺歌燕舞的形势下，之前担心的事情正在成为现实。

首先，在政策前所未有地具有惠农倾向，并且农村基本公共服务得到大幅改善，值得大为欣慰的同时，农业各项直接补贴却未能真正起到种粮激励作用，并且价格保护达到了难以为继的地步。农民收入增长很快，却越来越依赖外出打工而与务农无关。农业仍然不能自立和自生发展。舒尔茨说：一旦有了正确的激励，农民可以点石成金。如果不想使农业成为市场经济的例外，这个点石成金之术就是正确的价格形成机制。

其次，伴随着整体劳动力短缺，农业中的技术变化显现出节约劳动的趋势，物质资本投入大幅替代劳动力投入。或许这并非坏事。问题在于，根据我同王美艳一起进行的数据分析的结果显示，与改革初期相比，在劳动的边际生产力以十数倍甚至数十倍的幅度提高的同时，资本的边际生产力却下降了将近一半。这种资本报酬递减现象，无疑是土地经营规模不能同步扩大的结果。

世界银行把拥有户均不足2公顷土地的农户定义为“小土地所有者”，而中国农户的土地经营规模迄今仅为该标准的1/3。如果说在家庭联产承包责任制的法律地位不那么牢固，农业劳动力剩余严重因而还无须急于扩大规模经营的情况下，提倡规模经营又担心投鼠忌器。既然中国已经到了这样的发展阶段，也具有了这样的现实紧迫性，那么扩大经营规模就刻不容缓。

最后，资本替代劳动的速度逐渐加快，劳动力转移却并不彻底。户籍制度的存在，仍然使得农村劳动力无法在城市落户，只能在城乡之间反复地来与去。常住人口城镇化率与户籍人口城镇化率之间存在的差异，意味着农民工虽被统计为城镇常住人口，但却因没有获得城镇户口而享受不到与户籍人口相同的基本公共服务。虽然农民工已占城市就业的1/3以上，但其在劳动力供给和消费方面的潜力都受到抑制。

人口转变的后果也影响到劳动力流动。随着新成长农村劳动力人数的减少，能够补充到城市劳动力市场的数量逐年减少。逐渐地，返乡人口将大于进城人口，出现劳动力倒流。一些学者和政策制定者认为，这种劳动力倒流是正常的，甚至认为农民工返乡创业有利于乡村发展。对此，需要区分两种情况分别认识。

世界上最快的城市化速度与渐进式户籍制度改革相结合，导致了中国迄今为止的城市化以“有来有去、来大于去”的模式进行。时至今日，这一模式与改革初期人们形容的“候鸟型”流动模式已经不同，即不再是短期、临时性的有来有去，而成为一个在劳动者终身就业周期中发生的来与去的选择。对于那些到了一定年龄，且还不能赶上从户籍制度改革中获益的农民工——既然不可避免要返乡，政府通过实施乡村振兴战略，为其创造一个施展身手的舞台，保障劳动生产率不降低，无疑是十分重要且必要的。

也有人认为，中国人口众多的国情，决定了城市化的特殊性，甚至幻想有来有去的城市化模式会永远保持下去。其实，这种想法混淆了城市化路径与城市化目标的差别，前者的中国特色并不能否认后者作为一般规律的体现。既然实现高度城市化必然是现代化的终极指标之一，那么有来有去的城市化路径必须保持来大于去的态势，才能保障城市人口的积累超前增长。

可见，关于农民工的返乡，第一种政策倾向着眼于为终究要返乡的劳动者，在农村创造一个优化配置资源的平台；第二种政策倾向的出发点是农民工应该返乡，并试图推动这个逆城市化过程。后面这种政策倾向，在理论上恰恰是依据了我从一开始就竭力批评的“托达罗教条”，在实践中可能会拖慢城市化的进程。

归根结底，无论中国有什么特殊的国情，农业劳动力比重下降这个“铁律”是违背不得的，现代化也不可能建立在较低的城市化水平的基础上。中国改革发展的道路可以有特殊性，要达到的目标却不应该有所例外，否则中国经验便无法上升到一般规律的层面，也就谈不上中国智慧和中国方案了。

二 判断刘易斯转折点

早在20世纪80年代，在我尚不能熟练阅读英文文献的时候，就开始借助介绍性文章和翻译文献，密切关注刘易斯的二元经济发展理论。而且，随着对中国农业劳动力转移过程的研究愈益深入，我发现这个被西方主流经济学忽略的理论，对于理解中国的经济发展颇有助益。反过来，中国经济发展的实践填补了该理论在经验上的一些不足，实际上帮助了这一理论流派的重生。例如，刘易斯本人自始至终没有说清楚，为什么剩余劳动力不能像新古典理论所预期的那样在市场上出清。而实际上，中国特有的户籍制度，恰恰起到这种阻碍市场出清的作用。

在2003年之前，对于世界瞩目的中国民工潮现象，我与经济学家同行们就有认识分歧。那个时候，人们已经不再把农民工看作是盲流，然而看问题的逻辑却没变。颇有一些经济学家认为，沿海地区外向型企业和劳动密集型产业的发展，是靠对农民工的剥削赢得了国际市场，而且把利润拱手让给了跨国公司。而我坚持认为这是消化剩余劳动力的过程，同时发挥了资源比较优势，是值得拍手称赞的发展模式。而突然发生的民工荒现象，一下子把争论的问题转了个方向，也让我自己的认识上了一个高度。

对于媒体大肆渲染的珠江三角洲地区的民工荒现象，我做出的第一反应是携团队进行实地调查，确认了这个现象是实际发生的。接下来，我把劳动力市场的这个真实的变化，与宏观数据显示的人口年龄结构趋势进行比较，证明这个现象不是周期性的，不是结构性的，也不是暂时性的，而是经济发展阶段和人口转变阶段相交织的必然结果。接下来，我便得出了一个此后多年争论不休的结论：中国经济已经迎来了刘易斯转折点。

1979年诺贝尔经济学奖获得者刘易斯把发展中国家经济划分为两个性质不同的部门，其中农业部门的特点是积淀了大量过剩劳动力，因此该部门的劳动边际生产力极其低下。伴随着资本的积累，工业部门在扩张过程中，可以以不变的工资获得源源不断的劳动力供给，一直到劳动力被吸纳殆尽。这整个过程就是所谓的二元经济发展。

这个简单的模型很好地解释了中国改革开放期间经济发展的诸多特点，如转移劳动力工资的低廉和长期不变、劳动密集型产品的比较优势和国际竞争力，以及长期实现的高速经济增长等。我也是一直循着这个思路去观察中国经济发展的。熟悉这一理论的国内外经济学家认为，我的研究特点是把二元经济发展与人口转变过程结合在一起，分析改革开放时期的中国经济发展。

尽管长期以来，我像大多数同行一样，并没有想到有一天，劳动力真的会出现短缺，然而，由于我的研究具有人口视角，得以观察到劳动年龄人口从高速增长到减速，再到负增长，以及人口抚养比从迅速降低、到达谷底及至迅速提高的变化趋势，因而可以一下子抓住问题的实质，及时指出劳动力无限供给特征的变化。我所观察到的这种根本性变化，除了转折点没有其他更恰当的概括。

“刘易斯转折点”这个概念，并非我的独创，而是刘易斯二元经济理论逻辑中内含的。简单地说，在刘易斯那里，二元经济发展先后要经历两个转折点：第一个转折点以农业的劳动边际生产力不再为零或负数为标志，现实中虽非表现为劳动力的绝对不足，但需要提高工资才能满足企业对劳动力的需求；第二个转折点以农业与非农产业的劳动边际生产力达到相等为标志，从而劳动力无限供给特征就此消失。

只有对中国的二元经济发展历程有着全方位把握，同时对相关文献有足够多的浏览和比较深刻的领会，加之对先行经济体的类似经历具有了解，才能最终超越从文本到文本讨论问题的局限。我发现：对于中国经济真正具有政策含义的是第一个转折点；而死抠两个部门劳动边际生产力均等化这样的教条，并不能清晰地抓住并揭示政策含义所在，从研究的角度也很难进行经验检验。

总体而言，国内经济学家对二元经济理论的理解是粗浅的，此前也从未有人关注过刘易斯提出的转折点。在国际上，长期以来经济学界已经把刘易斯的理论置于相当边缘的地位，而刘易斯转折点这个概念，仅在不那么主流的讨论中偶尔出现过。而且，国外熟悉二元经济理论的学者，过于关注第二个转折点，并且对中国统计的关于农业劳动力数量的数据特点缺乏了解，因此，一些参与讨论的学者，不可避免地走进通过估算劳动边际生产力回答转折点是否到来的死胡同。

聊以敝帚自珍的是，我确实独自做出了中国经济到达这个转折点的判断，并且在一片反驳和批评声中坚持已见，做了大量的研究来检验自己的观点。不过，除了在面对面的讨论中常常不得不回应别人的质疑之外，在这场长达数年的笔墨官司中，我没有采取针锋相对的方式直接辩论，而是自始至终自说自话般地进行阐述。原因主要有两点：

首先，绝大多数批评者依据的只是媒体的报道，几乎没有人读过我在学术刊物上发表的论文，批判性的意见通常也只是一般媒体上的非学术议论，因而无从进行正面交锋。而且我发现，中国的人口学家整体而言完全不关心经济发展，也缺乏必要的经济学训练，而经济学家长久以来并不关心人口问题，如今虽然不乏猎奇之心，但通常也不得要领，因此，辩论并不能建立在相互认同的学理和经验基础上进行。

其次，我的观点被政府主管部门视为对政策认同有不良影响，甚至有一段时间，每逢媒体报道我的一个观点，某些部门的领导或者发言人就要出来澄清一番。在极端的情况下，我的这些纯粹学术性和政策性的观点，有时也被人引申出无中生有的含义，因此保持一定程度的低姿态，也算是对自己的一种必要保护。

通过阅读相关领域的文献，以及与合作者一起做大量的经验检验，参与这个学术和政策争论，我一方面深感加尔布雷思所说的“传统观念”惰性之强大，另一方面也越来越确信自己做出的这一判断的正确性，愈加感到让人们关注此事的必要性，以及推动政府做出政策反应的紧迫性。

有趣的是，如同前些年人们因诸多的误解而批评我的观点一样，近年来许多人声称赞成我的观点，也伴随着不少的过度解读。其实，在这个问题上我所做出的努力，想要说明的事情，从逻辑主线上说，既无关人口生育政策的讨论，也不是为重视或不重视就业提供证明，主要在于论证经济发展阶段的必然变化，可以说为新常态的判断铺设了经验背景，从而有助于人们从供给侧认识经济增长减速的原因。

三 派生变化与延伸观察

鉴于学界同行和媒体常常追问，究竟哪一年可以作为刘易斯转折点的标志性年份，我依据若干重要的经济和社会发展征象，略带主观性地给出了一个事后诸葛亮式的回答：2004年。因为这一年既是民工荒初起之年，也是诸多新的发展阶段特征显露之年。虽然在很长时间里，政策制定者并没有接受转折点到来的判断，但事实表明，一系列政策倾向的转变，也恰恰以这一年划界。

巧合的是，在尚未观察到民工荒，也不知道此后要做出刘易斯转折点判断的情况下，在2003年发表的《城乡收入差距与制度变革的临界点》一文中，我以1978年农村改革起始时的城乡收入差距作为基准，大胆预测了下一步关乎城乡关系的根本性制度变革，将发生于城乡收入差距回归到该基点水平，即该文发表后一两年的时候。

在这个分析中，我以事后分析的眼光，抓住1978年这一根本性变革的基准点意义。换句话说，这一年可以被看作是传统发展政策达到其伤害农民利益的极点，也是在农民没有真正“退出权”的情况下，以出工不出力方式对旧体制进行消极抵制的最高点。用政治经济学的语言来表述就是：发生重大制度变革的政治成本已经降到几乎为零的水平，随后以家庭联产承包责任制为重点的一系列改革，实际上因应并印证了这个理论上的制度变革临界点。

在长期研究与政策调整和制度变迁相关的主题过程中，我发现既然决策者的政策制定不可避免地遵循政治收益最大化原则，那么反映这种决策行为的政治经济学是一个有益的分析框架。在《城乡收入差距与制度变革的临界点》一文中，我融合了阿尔伯特·赫希曼（Albert Hirschman）和查尔斯·蒂布特（Charles Tiebout）的理论，考察了城市居民的“投票”和“呼声”机制，与农民“退出”机制即“用脚投票”机制之间的博弈，虽然本质上不是一个真正意义上的定量预测，但确实事先指出了2004年这个年份的转折点意义。

这个转折点之所以重要，不仅仅在于其作为前一个发展阶段的结束，更重要的是其作为一个崭新发展阶段的开端。自2004年之后，普通劳动力的短缺愈演愈烈，工资上涨幅度逐渐超过了劳动生产率的提高速度，影响到中国经济的各个方面。在研究中，我逐一追踪着这些由刘易斯转折点派生出来的变化。

由于劳动力短缺成为常态，普通劳动者的工资加快上涨，包括农户在内的低收入家庭的收入提高速度不仅异于以往，也快于平均收入水平的增长速度。由此观察，我较早就做出了一个判断，即伴随着刘易斯转折点的到来，与劳动力市场供求关系相关的初次分配机制，将会推动库兹涅茨转折点的到来。也就是说，整体收入差距达到最高点，随后出现改善的趋势。果然，2008年之后，城乡收入差距和全国基尼系数都开始下降。

当然，这里我只是把库兹涅茨曲线这个概念作为一个参照系，并没有把这种显示性库兹涅茨转折点真的当作收入分配根本改善的标志。根据各国的发展经验，经济增长也好，技术革命也好，经济全球化也好，都具有做大蛋糕的效应，却无一能够自动解决分好蛋糕的难题。阅读法国经济学家皮凯蒂的《21世纪资本论》及其他最新关于收入分配的著作，反思上一轮经济全球化的缺陷，以及观察西方发达国家发生的政治两极化，让人们越来越相信这一点。

国内学者和政策研究者对皮凯蒂给予了高度的关注，然而，对该书的根本结论，即初次分配并不足以根本改善收入分配状况，却没有得到应有的重视和呼吁。我做出库兹涅茨转折点到来的判断，正是为了寻找必要的条件，包括加大再分配力度和合理运用诸多具有累进性质的社会政策，推动创造和擘画出真正意义上的库兹涅茨曲线。

刘易斯转折点之所以被称作转折点，恰恰在于以劳动力短缺的出现为标志，一系列政策倾向都呈现出转折性的变化，如劳动力市场制度和社会保护机制加快建立，基本公共服务在城乡之间和区域之间的均等化程度明显提高等。这背后，既反映出中国经济发展的历史逻辑，也体现着政治经济学的理论逻辑。

大多数人理解刘易斯转折点对于中国经济增长的意义，仅仅是劳动力数量的影响。劳动力短缺推动工资上涨，以致超过了劳动生产率的提高速度和幅度，导致单位劳动成本的迅速提升，这无疑削弱了制造业的比较优势，使企业不再能够在原有盈利水平上维持既定的市场规模，同时降低了企业家的投资意愿，导致产业向海外转移。但是，转折点的影响显然不止这些。

我注意到，高速增长时期中国劳动力存量的人力资本改善，主要靠的是具有更多受教育年限的新成长劳动力源源不断进入就业市场。随着这个群体增量的绝对数减少，整体劳动力的人力资本改善节奏也一定会放缓。许多经济学家都估计过改革开放时期人力资本对经济增长的直接或间接贡献，把这些符号为正的系数作为参照，不难看出这方面的变化对未来经济增长速度的负面影响。

随着劳动力无限供给特征消失，以往得以延缓的资本报酬递减现象便会产生，并成为实实在在的经济增长负面因素。特别是由于劳动力短缺愈演愈烈，加上刺激性宏观经济政策扭曲（压低）了资本要素价格，资本替代劳动或机器（人）替代工人的进程过快，理论上的资本报酬递减和实际中的投资回报率下降同时发生，进一步抑制了投资意愿。这时，“克鲁格曼–扬诅咒”就变成真正的危险了。

更进一步，在传统的要素投入驱动型增长模式难以为继，转向生产率提高驱动型增长模式的紧迫性日渐突出的同时，全要素生产率的传统源泉也现式微。在典型的二元经济发展时期，全要素生产率的源泉产生于资源的重新配置，即劳动力从低生产率的农业转向高生产率的非农产业带来的效率提升。随着农业剩余劳动力减少，劳动力转移不再以疾风暴雨式的速度进行，这种资源重新配置效率的改善速度也会放慢。

把所有这些变化了的因素放入总体生产函数或增长核算方程中，就能够预测出中国经济潜在增长率的必然下降，结论板上钉钉，无可置疑。我和同事确实进行了这样的估算，预测到潜在增长率的下降，并且为以后的实际增长率予以验证。

研究中我逐渐发现，相当一部分中外宏观经济学家，先是由于不懂得二元经济发展，继而没有弄明白刘易斯转折点到来和人口红利消失究竟意味着什么，从更深层次上说，则是没有把周期问题与增长问题有机结合，显露出认识上的局限性，因而在认识中国经济发展阶段变化，以及探讨如何在政策上进行应对时，颇显捉襟见肘。

也就是说，大多数学者和政策研究者，遇到经济增长减速现象，即便不是有意识地，也是习惯性地采用国民经济恒等式这个框架分析问题，并得出政策结论。由此得出：减速是由于需求侧冲击因素致使实际增长率低于潜在增长率。因此，应对的办法则是启用刺激性的宏观经济政策工具，以期使实际增长率回到常态即潜在增长率上。

在以往的很多经验中，这种周期性视角并没有错。然而，刘易斯转折点到来之后，在潜在增长率下降的情况下，实际增长率下降则是一种新常态。这时，需要借助生产函数分析框架，即从长期的供给侧视角来认识减速。吴敬琏老师提醒大家用生产函数框架认识中国经济，是为了让人们更多地关注全要素生产率。在此之外，我再加上一点，即希望宏观经济学家放弃仅仅关注周期现象的传统理念，更加注重长期的经济增长。

此外，看生产要素供给和促使生产率提高的因素发生了哪些变化，不仅能够帮助我们用平常心看待必然的减速，而且有助于揭示出存在哪些体制性障碍，以便通过深化改革挖掘增长潜力。归根结底，这样的分析思路使得政策不是着眼于把实际增长率刺激到潜在增长率之上，而是提高潜在增长率本身。

四 关注中等收入陷阱

虽然我在中国经济研究方面涉猎偏广，但终归是关注经济发展和民生改善问题。所以，如果一定要划分学科领域的话，我愿意自己被称为发展经济学家。在经济学说史上，发展经济学家们终其一生只要弄明白：为什么国家有贫有富？贫穷国家如何通过储蓄率的提高进入起飞阶段，进而保持长期持续的增长，最终摆脱不发达的境地？就连那些习惯于关注周期问题的宏观经济学家，如同曼昆所说，一旦开始思考长期增长的问题，便很难分心。

一个人身处中国经济发展的这个时代，又凑巧是以经济研究为职业，应该感到十分幸运，因为可以在学术生涯内，亲身经历国家实现对贫困陷阱的跨越，进入中等收入国家行列，并越来越接近迈入高收入国家的门槛；有机会观察每个这样的阶段及其跨越，参与思考和解决不可避免遭遇的种种问题。孜孜以求地探究这些问题，给我带来极大的智力挑战和工作乐趣，颇有不足为外人道的感觉。

在迈入高收入国家行列之前，中国经济将面临一个巨大的挑战，即如何避免长期徘徊于所谓的“中等收入陷阱”。这个概念在2007年一份名为《东亚复兴》的报告中由世界银行经济学家首次提出。2010年前后，在一批中外经济学家受邀为“十二五”规划提供建议时，以及世界银行与国务院发展研究中心联合写作《2030年的中国》报告时，中等收入陷阱问题都被有针对性地与中国长期发展联系起来。大约同一时间，我不仅参与了上述两个项目的研究，自己也围绕这个命题进行写作并于2012年出版了专著。

我之所以关注此事，初衷固然是希望借中等收入陷阱这个概念，找到中国经济长期可持续发展的路径，同时从理论上和经验上也确信，这个“陷阱”范畴在经济学意义上是成立的。经济学中所谓的陷阱，指的是一种超稳定均衡状态，其中经济增长或停滞都被黏着在特定的发展条件中。跨国数据和时间系列数据分析都证明，一个国家陷入中等收入陷阱的概率，不仅大于跨入高收入国家行列的概率，甚至大于摆脱贫困陷阱的概率。

实际上，探索中国如何避免陷入中等收入陷阱，恰好是做出刘易斯转折点到来和人口红利消失等判断的初衷。做出这些判断，使我相信中国经济发展的条件发生了根本性变化。另外，从以往阅读的发展经济学文献中，例如舒尔茨对传统农业做出定义并进行分析的著作《改造传统农业》，我学会了如何认识这样的均衡状态。此外，从经济史也可以看到，打破这种均衡状态需要一个超乎寻常的临界最小努力，以改变固有的生产要素积累及配置方式。

一般来说，落入抑或摆脱贫困陷阱，生产要素特别是资本的积累及其方式至关重要。经济史和发展经济学说史，都有足够的素材帮助理解这个结论。例如：人类经历的漫长马尔萨斯时代，就是资本积累不足以打破均衡的贫困恶性循环；发展中国家遭遇的舒尔茨式传统农业，也以现代生产要素未能替代传统生产要素为特征；而罗斯托、刘易斯等发展经济学家更是强调摆脱陷阱必须达到临界最小的储蓄水平。

而落入或者摆脱中等收入陷阱，决定性因素则在于生产要素的配置方式。因此，要弄明白为什么中等收入国家的经济增长，在理论上和实践上都面临一个与生产要素配置方式转变相关的困境，以致一些国家难以打破这种超稳定均衡状态。这有助于找出避免落入陷阱的途径，同时证明中等收入陷阱是一个有意义的概念。

在研究中我发现，大量的经验证据并没有得到很好的解释，特别是显示性的统计现象并没有被总结成具有一般性的发展规律，也没有具体化为具有国别意义的政策建议。为了弥补这个不足，我尝试根据国际经验特别是拉丁美洲国家的教训，从时间的继起性和空间的并存性两个维度，为中等收入陷阱概括出一个“四部曲”，并从中提炼一般性理论和相关的政策含义，希望对中国有参考价值。

第一，在中等收入的一个特定阶段上，此前驱动经济增长的源泉开始消失，高速成长经济体的增长速度趋于减缓并从此长期下行。美国经济学家巴里·艾肯格林（Barry Eichengreen）与人合作发表了数篇论文，利用跨国数据和时间序列数据从统计上揭示了这个现象。十分明显的是，这种减速代表着一种必然性。如何认识这种减速，从而采取何种措施予以应对，是一个重要的分水岭，由此各国走向截然不同的发展路径。

第二，有的国家依靠企业家精神改善了全要素生产率，以新的增长源泉替代了式微的增长源泉，得以在新的平台上保持慢一些但更可持续的经济增长，最终跨越中等收入阶段，成为高收入国家；有的国家则采取了与提高生产率南辕北辙的政策措施，如不切实际地照搬新自由主义经济学，或者人为刺激经济增长，反而经历了断崖式的降速，及至处于长期经济停滞的状态，即落入中等收入陷阱。

第三，在增长停滞从而蛋糕不再能够做大的情况下，重新分配蛋糕的社会意愿愈加强烈，会同时出现两种情形。第一种情形是收入分配按照具有更高谈判地位一方的意愿进行，进一步强化贫者愈贫、富者愈富的马太效应。第二种情形是政治家为了获得选票，一味进行再分配承诺，却不能兑现承诺而流于口惠而实不至。两种情形共同导致的结果，就是收入分配状况的恶化。

第四，为了维护这种收入分配格局，既得利益集团和民粹主义分别从不同的方向上，将政治体制和政策取向予以固化，任何旨在打破现行利益分配格局的改革都举步维艰。相应地，资源配置与既得利益格局交织在一起，推动形成阻碍生产要素合理流动和配置的政治格局，资源配置效率陷入超稳定均衡状态，生产率长期不能得到提高。

从以上“四部曲”可见，一次又一次错失时机，未能在经济发展阶段变化的情况下，把经济增长方式转到全要素生产率提高的基础上，是任何国家陷入中等收入陷阱的最具共性的原因。正因为如此，诺贝尔经济学奖获得者爱德华·普雷斯科特（Edward Prescott）把全要素生产率强调到关乎国家经济发展成败的高度。虽然在减速后中国经济增长仍然不同凡响，但是，“四部曲”中的每一种特征，都或多或少地可以在中国经济中体现出来。

如果说，按照舒尔茨的说法，懂得了穷国和穷人如何摆脱贫困陷阱，就懂得了真正重要的经济学，那么弄明白中等收入国家如何能够跨越又一个陷阱，足以让人们对于经济学的理解进入崭新的高度。所以，尽管有人把中等收入陷阱的说法称为“伪命题”，但我还是愿意把这个命题纳入自己的观察和思考范围，以增进自己对于中国经济发展前景的认识。

五 全要素生产率轶事

在依靠要素投入的增长模式难以为继的情况下，我同其他一些经济学家一样，积极建议中国经济转向全要素生产率驱动的增长模式。首先使这个建议成为政策导向，进而使政策理念为执行者所理解，这都需要经济学家的努力。一个特别的难点在于，即便在党中央和国务院把提高全要素生产率的要求写入文件的情况下，鉴于全要素生产率的性质，许多干部仍然弄不懂这个概念的现实含义，从而找不到付诸实践的抓手。

其实这并不奇怪。在经济学说史上，围绕全要素生产率有过不少的争论，很多都与如何理解这个统计概念有关。最初，正是经济学家发现，生产要素的投入并不能解释全部经济增长，而那个以传统要素作为解释变量之外的残差，则被称为全要素生产率。然而，从这个概念被广泛讨论和估计伊始，就存在着计量方面的难题。如索洛和斯蒂格利茨等人都发现，技术进步或全要素生产率的改进（残差）有可能蕴含在机器设备等投入品（资本）之中，因而在识别上有技术困难。

在20世纪90年代一场围绕东亚经济是否可持续的争论中，阿尔文·扬教授和刘遵义等人估算的新加坡全要素生产率，为克鲁格曼批评东亚模式提供了经验证据。然而，为该模式辩护的经济学家对新加坡全要素生产率的估计，却是扬教授的估计结果的10余倍。这种难以解释的现象，甚至使人们对这种以计算全要素生产率为依据评价经济增长成败得失的研究方法产生了怀疑，人们认为需要改变对于现实经济增长解释的出发点。

新加坡对此却做出宁可信其有的积极反应。虽然政府和经济学家极力反驳克鲁格曼和扬教授的论断，甚至多年后李光耀还耿耿于怀地向克鲁格曼挑起这个话题。毕竟，这场辩论也让新加坡的领导人懂得了这个颇为学术化的经济学概念及其对于经济增长可持续性的重要性，因此设立了全要素生产率每年提高2%的国家目标。这与新加坡后来保持了健康的经济增长，成为创新驱动的典范，应该不无关系。

说到全要素生产率这个十分重要却又使人充满困惑的经济学概念，我在研究和倡导中也经历过一个有趣的插曲。

2010年我参加了一系列与制定“十二五”规划相关的研究工作。其中一项，是加入由世界银行首任驻中国代表处主任林重庚牵头的课题组，与一批中外经济学家向中央决策者提供建议。

其间，美国经济学家、新增长理论代表人物保罗·罗默提出，中央政府应该放弃用地区生产总值对地方进行考核的做法，转而以全要素生产率作为考核指标。在讨论中，他向我征求关于可能性和可行性方面的意见。应该说，在强调全要素生产率作用上面，我们的意见是高度一致的，我本人也是积极的倡议者。

但是，鉴于我对由“东亚奇迹”引起的全要素生产率之争的文献比较熟悉，也与同事尝试对中国的全要素生产率进行过估计，因此，对于能否规范地设定模型和变量指标、能否获得必要且可靠的数据，以及如何选择并控制好其他变量，以便得出如实反映各省生产率表现并具有可比性的结果，我表示了很大的怀疑。

罗默教授建议不做回归，而是采取最简易直接的方法进行估算，并向我做了具体的解释。我想起，在20世纪80年代世界银行受邓小平之邀所做的第一份中国经济考察报告中，就是以GDP增长与要素投入增长之间的差值来表示全要素生产率，所以，我当时被说服了。虽然该建议最终没有被采纳，但我却差一点促使该试验在江苏落地。

在参加党的十七届五中全会报告《中共中央关于制定国民经济和社会发展第十二个五年规划的建议》起草期间，某天时任中财办副主任刘鹤委托我接待江苏省发展和改革委团组来访，讨论该省小康社会指标体系建设问题。我借机向江苏的同志建议，把全要素生产率作为省内各地区小康社会达标的指标之一。

虽然与我接洽的朱晓明随后担任了江苏省统计局局长，但是，全要素生产率在概念和技术上都太过复杂了，我的建议没有得到回应。之后我应邀为江苏全省市厅级干部做报告，全要素生产率的概念打动了省委书记罗志军，他指示朱晓明进行试算。我则委托年轻同事赵文先做一个省际估算和比较，以为江苏省做一个示范。没承想这个示范导致江苏省打了退堂鼓。

我们这个估算结果似乎出人意料：本意要率先实现全面建成小康社会的江苏，在全国的全要素生产率表现中，仅排在第16位。这特别让江苏的同志不信服，从而对该方法乃至该指标产生怀疑的是，排第一位的竟然是经济发展水平远低于江苏的中部省份安徽。在与江苏的同志们的沟通中，赵文未能恰当地解释这个结果。

对于这个估算和排位，我虽然事先未能预料到，但却有自己的解释。在中国当时的那个经济发展阶段上，全要素生产率的重要组成部分是资源重新配置效率，来自劳动力的跨产业和跨地区流动，而这个效率具有外部性，所以并不能将其表现明确地对应于哪个省份。

毋庸置疑，从省际资源重新配置来说，安徽是劳动力的输出省份，江苏是劳动力的接收省份。如果仅仅观察农业剩余劳动力转移这一出一进效应，安徽的资本劳动比和劳动生产率必然提高，而江苏的资本劳动比和劳动生产率则会降低。换句话说，这个资源重新配置效率是全国性的，安徽从中获益更大，而江苏未必能直接获益。

记得在与罗默进行讨论时，林重庚特别向我强调，罗默教授尚处在对中国经济的学习曲线上。与江苏省的这段插曲，也把我放到了一个学习曲线上面，帮助我加深了对全要素生产率的认识。与此同时，我也明白不必再尝试劝说江苏省做这种试验，因为以全要素生产率对地方进行考核的“罗默建议”，可能天生就行不通。

而且，罗默教授有所不知的是，任何一个政策导向，如果决策者没有讲清楚，执行者也没有弄明白，不能形成上下激励相容的话，一旦进行行政性的考核，则不可避免出现“指标挂帅”的现象，你会看到指标的竞相改善，实际绩效却未必如此。特别是，提高全要素生产率归根结底要靠企业的努力，政府需要做的事情则是创造良好的竞争环境。在这种情况下实施考核，地方政府很可能会用岔了劲儿。

自那之后，事情有了很大的进展。2015年李克强总理在《政府工作报告》中首次提出提高全要素生产率的要求，随后2016年召开的中央经济工作会议一口气提出三个“提高”的要求——提高劳动生产率、提高全要素生产率、提高潜在增长率。在党的十九大上，又第一次在党的政治报告中做出提高全要素生产率的要求。

通过长期思考这个问题，从经济学和经济史文献以及中国发展经验中找答案，我得到这样的认识：全要素生产率归根结底是一种配置效率。它首先来自库兹涅茨效应，即在产业结构变化过程中，资源或要素在产业间重新配置产生效率；其次来自熊彼特效应，即通过创造性破坏，使资源或要素在企业间流动并重新配置，提高整体经济的生产率；最后，应用新的技术等创新活动并非一个匀质的过程，整体生产率得以提高，在于让创新成功的企业使用更多要素与资源。

肆

劳动经济学的发展视野

我曾经读过国外一篇关于经济学家和经济学分支学科排名的报告，其中按照学术影响力等指标，把劳动经济学排在14个经济学分支学科的第二位，屈居金融经济学之后。读到这个报告的时候，无论在中国的经济学学科体系中，还是从实际研究成果看，劳动经济学尚没有获得充分的发展，与拥有世界上最大规模劳动者群体的地位极不相称。从那以后，我率先打造了国内最富生产力的劳动经济学团队，不仅在国内外发表了大量的学术成果，也为政策决策做出了贡献。

不过，研究所毕竟不以教学为主，经济学不应该是象牙塔里的学问。所以，我们并没有把构建完整的学科体系为己任，而是从中国劳动力市场发育过程的现实问题出发研究最紧迫的课题。另外，在坚持严肃规范研究标准的前提下，我也不主张以国外匿名评审刊物的偏好为导向，而是立足于认识中国国情和服务政策需求。

或许，这种取向未能使我在以英文刊物为裁判的经济学主流殿堂获得地位，也未能使我成为受媒体追捧的流行经济学家。然而，这种由问题导向的劳动经济学发展路径，使我的研究具有了若干值得一提的特色。这种特色，既可以说使劳动经济学具有了发展的视角，也可以说把人口与劳动因素纳入改革和发展研究的视野。

例如，放弃劳动力是稀缺要素这一新古典教科书式的基本假设，使经济学范式能够适应二元经济发展时期的国情；把劳动就业问题与经济增长和体制改革联系在一起进行探讨，使劳动经济学具有更广阔的视野，也增强了对中国高速增长的认识力；把促进就业同改善民生相结合，突出劳动力市场发育的公平与效率的统一性。

一 劳动力退出、流动与进入

我从事劳动就业研究的起点是“三农”问题。在生产队大呼隆式的劳动中，由于激励机制存在缺陷，普遍存在出工不出力或怠工的现象。阿尔伯特·赫希曼在《退出、呼吁与忠诚》一书中指出，人们通常可以通过退出（exit）和呐喊（voice）两种方式表达对体制的不满。借鉴赫希曼的术语，有的学者把生产队劳动中的这种现象归咎于人民公社剥夺了社员的“退出权”。

也就是说，在人民公社体制下，既然社员不具有“一走了之”以及“一吐为快”的两种权利，也不对该体制心存“忠诚”，只好选择以出工不出力的方式消极抵制。所以，这事实上也是一种退出的方式。也就如中国老话所说“留得住人留不住心”，或“身在曹营心在汉”。

这种形式的退出无疑造成效率的极大损失。事实上，改革开放之前普遍存在的农村极度贫困，就是这种怠工与低效或无效劳动和低产出之间恶性循环的结果。20世纪80年代初家庭联产承包责任制的实行，不仅改变了劳动激励，同时也赋予了农业劳动力的流动权利，也就是说，他们可以真正“用脚投票”了。

促使劳动力流动的初始动力有两个：第一是劳动积极性被调动起来之后，农业剩余劳动力得以显性化，形成对劳动力转移的内部推力；第二是随着农产品流通体制的改革，单一粮食种植收益太低的问题突出，形成对劳动力转移的外部拉力。因此，遵循经济发展农业产值比重和就业比重都下降的一般规律，农业中剩余劳动力必然要转移出去。

劳动力的重新配置先是在农业内部，从“以粮为纲”到多种经营的种植业，再到农林牧副渔全面发展；随后在农村内部，以“离土不离乡”模式从农业转移到乡镇企业，进而转移到小城镇。最终在城乡间进行，是伴随着体制障碍不断被清除，通过以下突破性步骤实现的。随着农产品产量大幅度增长，自1983年起允许农民从事农产品长途贩运和自销，第一次突破了就业的地域限制；1988年开始允许农民自带口粮到邻近城镇就业，第一次突破了城乡就业藩篱；到20世纪90年代初期，随着粮票等票证制度被取消，农村劳动力得以进入各级城镇居住和就业。

在美国《时代》杂志评选的2009年度封面人物中，“中国工人”位居第二位。毋庸置疑，这里的“中国工人”指的就是农民工。其实，这个具有中国特色的农民工群体，早就上了国内外的新闻头条，在民间、学术界和政策研究中引起热烈的讨论。不过，在不同的时期，人们对这个群体具有不尽相同的认知。

从20世纪90年代开始，“民工潮”这个词语开始流行。囿于计划经济思维，许多干部和市民都认为这是一种人口盲目流动现象。及至城镇就业体制开始改革，下岗失业现象隐约可见的时候，外来人口跟城里人争夺就业岗位，也成为引人关注的问题。有些城市的人大代表、政协委员甚至提出议案，呼吁地方政府出面控制人口流动。媒体也连篇累牍地将其炒作为热点，部分研究者也持类似的负面态度。

我在这方面的研究，既着眼于澄清流行的认识误区，也要回应现实存在的实际问题。同时，还不可避免地介入发展经济学的长期争论，尝试填补中国经验与传统观念之间的缺口，可以说面临着很大挑战。这就需要把十八般兵器一股脑地用起来，兵来将挡、水来土掩。

对我来说，研究劳动力迁移的前传，是从农业经济领域看到，改革显现的激励效果使就业不足问题暴露出来，剩余劳动力亟待以增加收入为动因进行转移。而在种植业、农业和农村内部劳动力转移空间依次被填满之后，流动必然要突破传统体制在城乡间、地区间和产业间设置的藩篱。并且，从发展经济学的角度阐明，农村劳动力流动既是具有经济理性的行为，也是缩小城乡收入差距的关键途径，进而论证农业劳动力比重下降是经济发展规律，是阻挡不了的必然趋势。这些都属于自己研究领域合乎逻辑的延伸。

接下来的工作，是提供经济学道理和经验证据，以说明农民工与城市职工的就业岗位是互补的，总体来说两者之间不存在相互竞争关系。其实在那个时候，农民工是否与城市职工直接争夺岗位，在较大程度上是一个社会心态问题，只在较小程度上是一个经济学问题。

多数学者和政策研究者以及部分市民对农民工竞争的担忧，主要发生在农民工规模还很小，城市职工的铁饭碗尚未打破的时候。我和同事们做了大量解说和实证工作，说明这种竞争并不存在。这项工作并不难，无须像美国学者那样，费力证明墨西哥非法移民和古巴船民并不产生对美国本地就业者的冲击。

但是，因认知差异和传统观念作怪，人们对于接纳农民工，还是心怀忧虑，从而使得民工潮随间歇变化的政策倾向而起伏。我和都阳、王美艳一道研究了城市政府行为对劳动力流动的周期性影响。当时发现，每当政府感受到劳动力需求扩大时，便乐于对农村劳动力进城就业持默许的态度，而一旦感受到就业压力时，他们常常采取不欢迎的态度，并实行从限制就业岗位到清退外来人口等一系列硬性排斥政策。

后来，在农民工数量大幅增加，及至占城镇就业总规模超过三分之一的情况下，关于外来劳动力抢饭碗的抱怨之声反倒销声匿迹了。及至劳动力短缺成为常态，各地纷纷一反过去的政策倾向，有的替企业出面争夺外来劳动力，有的宣布取消农业和非农业户口差别，造成户籍制度改革的假象，有的则放宽落户条件从而实质性推进户籍制度改革。然而，一旦本地发展目标有所调整，政策就发生一百八十度大转向的情形也不乏其例。

可见，城市政府总体来说不能站在中国经济发展大局，确定本地的流动人口政策，以及实质推进户籍制度改革。得出这个认识，为我的研究提供了一个基于政治经济学的成本收益分析视角，同时也让我认识到，推进相关领域的改革特别是户籍制度改革，需要从中央政府和地方政府之间的激励相容着眼，对改革成本的分担和改革红利的分享做出顶层设计。

二 问题导向的就业研究

探讨农民工与城市劳动者的关系问题，促使我把研究扩展到一般的劳动经济学领域。也正是这个时候，即20世纪90年代后期，出现了由三个叠加因素（宏观经济低迷、东南亚金融危机和国有企业减员增效改革）导致的下岗失业高峰。其实说高峰还不够，因为这几乎是我国历史上最严重的劳动力市场冲击。

由于长期以来中国不存在规范意义上的劳动经济学，当时具有显学地位的经济研究，并没能对这一严峻局势做出称职的回应。更有甚者，许多经济学家甚至不懂得何谓就业，何谓失业，何谓劳动参与，以及诸如此类的劳动力市场现象，也就不能从学理上解释问题产生的原因，更无法给出有针对性的政策建议。

1998年我担任中国社会科学院人口与劳动经济研究所所长，并且开始尝试改变人口研究的传统定位。中国实施严格的计划生育政策，与1980年在中国设立办事机构的联合国人口基金会的理念是吻合的。该基金会向中国的捐款中，包含了资助人口研究的项目，与国内恢复长期停滞的人口学科的紧迫性相契合，因此，中国社会科学院和高校系统纷纷成立人口研究所或研究中心。中国社会科学院人口研究所（后更名为人口与劳动经济所）也在这个背景下创建。因此，恢复人口学的初衷就是服务于人口控制政策。

这个定位注定了该学科在中国的发展，存在着一些深层缺陷。在研究理念上，受到新马尔萨斯主义学说的影响，长期认为人口对资源环境生态、经济社会发展和人民生活质量具有负面影响。在研究视野上，倾向于与其他研究经济社会发展的学科，特别是经济学老死不相往来，以致连人口学最重要的遗产——人口转变理论——都未能深刻领会。

自1993年到中国社会科学院人口研究所工作，我作为一个圈外之人思考局内之事，逐渐发现并内省式地开始质疑人口学研究存在的这些缺陷。这固然是由于经济学家天生具有非马尔萨斯主义的倾向，也同中国人口转变进入新的阶段有关。20世纪90年代初期，总和生育率即已降到2.1这一更替水平之下，到了2000年，中国已经初步符合联合国的人口老龄化定义（65岁人口占比7%）。

这时，人口学家若想发挥引领政策的前瞻作用，必须改变一味论证控制人口数量必要性的研究取向。当研究取向的改变受到外界和自身限制的情况下，人口学便难以有特别的作为。所以，当年一夜春雨催生的人口研究机构，又被秋风尽扫，成为明日黄花。与此同时，中国社会科学院职工收入的增长，不仅无法与新生的社会组织相比，且严重滞后于政府和大学，一时间形成人才流失的高潮。人口研究所更是重度受挫，有一段时间研究人员中除了我之外，竟无一人拥有博士学位。

幸运的是，传统人口研究的穷途末路之际，恰好与国家对劳动就业研究产生紧迫需求之时不期而遇。所以，在保持人口学科优势的同时，把研究领域扩展到劳动经济学，是能够让研究所焕发青春、有所作为的唯一出路。事后来看，保持优势的意图未必做到了，但是，劳动经济学无疑成为使人口研究所赖以立足的优势学科。

在中国社会科学院把人口研究所更名为人口与劳动经济研究所之前，国内并非没有劳动经济学研究和教学机构。但是，这些单位要么服务于直接的就业政策，总体上还受到计划体制思维的影响，要么仅止于向学生讲解书本上的知识，与现实问题相隔甚远。在此英雄用武之地，我和同事创造了诸多“第一”。在运用现代经济学方法研究劳动问题的第一团队和第一学刊之外，我们在诸如理念倡导、基础研究和统计分析等方面，可以说也走在了前面。

在就业形势十分严峻之时，社会上普遍质疑官方公布的城镇登记失业率，以致有些人在完全缺乏基本常识的情况下做出耸人听闻的失业率估计，并在国内外被广为引用。实际上，这种不信任加被误导的原因，在于人们对各种失业率指标的含义和特点知之甚少。就其性质而言，登记失业率的特点恰恰是：政府是用失业保险基金所能覆盖的人数，来决定把多少人纳入统计范围的。所以，如果有人注意该指标从那时至今的变化趋势，就能看出它完全不反映就业形势的严峻与否。

国家统计局按照国际劳工组织推荐方法调查得到的劳动力数据，本可以依据来计算国际上普遍采用的调查失业率，但是，先是为了不引起社会恐慌，后来又担心人们对就业问题掉以轻心，再以后则是对数据质量缺乏自信，哪怕在两任总理的一再督促下，有关部门也长期没有公布这个数据。为了研究的需要，我把就业数据做了一番透彻梳理，做出合理的假设，计算出调查失业率，并形成一个时间序列。这些估算得到国家统计局专业人士的默认，当时劳动部领导也私下肯定其准确性。

虽然社会上纷纷吐槽登记失业率指标，但似乎人们有意了解真实的失业率，而我的这套数据在许多文章中发表，却几乎从未被同行引用。我猜想有诸多原因，例如：许多人并不真切地想知道失业率是多少，只是对政府发布的低失业率不满；多数人并不懂得失业率的含义，所以提供什么样的数字都是无意义的；很多自诩为专家、大谈就业问题的人，并不关心别人写过什么，甚至从不阅读专业文献（当然也可能读过，只是不做反应而已）。

更重要的是，我的估计数据并没有显示出就业形势真有那么严峻。对此，我也有合乎逻辑的解释，并且为了说明问题，开始进入此前无人涉足的另外两个相互关联的问题，都涉及劳动经济学一般问题在当时中国的特殊表现。一个是非正规就业问题，另一个是劳动参与问题。对这些问题的研究，也为以更广泛视野观察中国经济提供了认识基础。

国际劳工组织关于就业的定义是十分宽松的，只需在过去一周有超过一小时付酬工作、有就业意愿以及有积极寻找工作的努力。这样看来，那些在统计上被定为就业的人群，很可能是就业严重不足的。下岗失业以后，一些人自谋生计，另一些人实现了再就业，分别符合了就业的统计标准，却陷入缺乏社会保护、收入难以维持正常家庭生活的非正规就业状态。多数农民工也属于这种类型的就业人群。

另外一些下岗失业人员，因长期找不到满意的工作，对劳动力市场失去信心，不再积极寻求再就业，在统计上便被视为退出劳动力市场，也不被统计为失业。很显然，并不能把这个群体与因就学、退休、生病残疾或生活无忧而退出劳动力市场的情况相提并论。因此，这种现象在劳动经济学中被称作“沮丧的工人效应”。

在类似于上述两例这样的许多劳动力市场问题上，我和同事都做了诸多研究工作，估算了数量规模和占比以及形成原因，并提出了政策建议。说这些研究具有填补空白的价值，应该是符合事实的。我的研究经历表明，不懂得这些现象及其机理，就不能真正懂得劳动力市场是如何运行的。而且，我还越来越深切地感到，中国宏观经济学家和宏观政策调控部门，在就业问题上的理解力至今仍然欠缺。

三 倡导就业优先

2003年3月我应召中断在美国密西根大学的访问，回国为政治局集体学习讲解《世界就业发展趋势和我国就业政策研究》。那次讲解现场的讨论气氛十分活跃，对于是否应该把就业作为优先政策目标尚有不同看法，未形成官方的定论。就当时的认识局限，负责发展改革的部门领导仍然坚信，经济增长应该在政策制定中具有第一位的优先序，就业扩大则是经济增长的自然结果。后来我才发觉，这在世界范围都是堪称经典的传统认识。

我自觉地把当时会议上莫衷一是的存疑问题视为党中央

交付的研究课题。此后发表了大量文章，从各个分析角度，结合国内外经验和教训，反复论证经济增长并不能自动扩大就业，而就业对中国所处的这个劳动力无限供给的发展阶段格外重要。这些研究与呼吁，对于就业问题最终在中央文件中表述为“实施就业优先战略”“实施更加积极的就业政策”，以及“推动实现更高质量的就业”做出了贡献。2012年2月我再次为政治局集体学习讲解就业问题时，胡锦涛总书记明确提出要求：把促进就业放在经济社会发展的优先位置。

我在倡导就业优先战略方面的研究，得到了劳动就业主管部门的认同。然而，作为学者，我与部门的出发点并非在所有方面都一致。中国的政府部门有一个共同的行为特征，就是一味强调本部门主管工作的重要性，力图在中央文件中给予尽可能到位的表述，常常还希望把一些具体的工作部署写入文件，以便以之为依据获得发展与改革部门立项，并在预算中获得足够大的份额。

过去人们常用“屁股指挥脑袋”来形容这种部门思维。这种现象固然是政府勇于负责、乐于做事的表现，也反映了部门控制资源的意愿，易于导致综合决策中的合成悖论。例如，在资源有限、财政盘子空间狭小的情况下，面对专业部门提出的项目要求和财政拨款，综合部门往往一视同仁，要么一概砍一刀，要么撒胡椒面，结果是不能把资源用在刀刃上，一些真正对改革、发展和民生具有重大意义的项目，也在这“一砍一撒”中被抹平甚至扼杀了。

知名学者们通常会担任政府部门的咨询专家，学术资源和声名有时也对这种身份产生依赖，研究导向容易被锁定在部门利益上。不可避免地，许多这类专家呼吁的政策建议或多或少代表部门的声音。甚至还有比较极端的例子，学者不再是为部门决策建言献策，而是专门论证其决策的正确性，这种现象遭到学界同行和舆论的批评。

我在担任这样一些专家职务中，奉行与中央精神保持一致、认真履职、尊重部门的原则，但在技术层面坚持客观研究，不完全附庸部门观点。有时部门希望专家们“帮忙，不添乱”，我对自己的定位底线是“不添乱”，但是要以科学精神履职“帮忙”。诸如人力资源和社会保障部门、卫生与计划生育部门、农业部门和教育部门等，有时会觉得我是个麻烦，但总体上秉持了言者无罪的态度，并没有把我排斥在外。

如果以使主管部门满意为研究导向，一个学者的分寸感其实很难拿捏到位。这是因为，如果你对形势得出比部门更悲观的判断，似乎有贬低其工作成绩之嫌；而如果你的结论过于乐观，就不仅是轻描淡写的问题，而是会削弱更高决策者和社会对该问题的重视度，可谓罪莫大焉。我所倡导的就业优先原则，后来就是这样演变到与部门的初衷不尽一致的方向上。

然而，正是由于没有站在旨在争取资源的部门立场上，我才能够客观地认识就业形势，揭示人口变化趋势和劳动力市场走向，能够先人一步得出刘易斯转折点到来的判断。而得出的这些研究结果，并不否定所倡导的就业优先原则。事实上，恰恰是不以部门立场判断就业形势，才把就业优先论证为不依发展阶段变化、能够与时俱进的原则，并将其扩展到更广的领域，成为更具一般性的政策导向。

一方面，为了论证就业优先原则，我指出无论是经济增长、技术变迁还是经济全球化，都具有做大蛋糕的效果，却都不能自动解决分好蛋糕的问题。其主要原因就是这些进步在结构上会影响就业。因此，随着经济发展阶段变化，政策应该从关注就业总量转向关注就业结构性问题，同时加大社会保护力度，不使单个劳动者在整体进步中受损。

这些意见最终也为决策者所接受，只是在研究结论与政策接纳之间有一个时滞，在此期间研究者需要有足够的自信。同时，这恰恰说明学者应该走在决策的前面，而不是唯唯诺诺地追随其后。心底无私才能严肃做学问，才能承受得住风吹雨打。

另一方面，立足于倡导就业优先原则，我对就业的研究包括了劳动力市场发育、劳动力市场制度建设、户籍制度改革、教育改革和发展、收入分配制度改革以及一系列与民生改善相关的领域。而所有这些课题成果，固然都发现了急需解决的问题，揭示尚待克服的难点，但终究是在讲解改革、开放、发展、分享的中国故事，并从中尝试提炼值得大书特书的中国智慧。

四　劳动力市场的立与破

早在与林毅夫和李周合作撰写的《中国的奇迹：发展战

略与经济改革》一书中，我们就着重揭示了中国改革方式的渐进性，以及与此相关的在边际上或者增量上推进改革的特点。对比苏联和东欧国家采取的激进改革方式并承受了巨大转轨痛苦的情形，我们认为中国改革方式是成功的，不仅适合中国的国情，也具有一般借鉴意义。

从就业体制改革和劳动力市场发育情况看，可以清晰观察到改革的这些特点及其优越性。在2008年回顾改革开放30周年的文章中，我对这方面的改革进行过一次系统的过程叙述、机理解说和国际比较。2018年回顾改革开放40周年时，我进一步对这些领域的改革经验进行了提炼。这些研究结合传统计划经济在劳动就业方面的共同弊端，简述了中国就业体制改革的逻辑和过程，揭示其中的中国智慧。

在计划经济条件下，并不存在通常定义的劳动力市场。一般来说，劳动力市场至少包括如下三个层次功能。第一是由劳动力供求关系决定工资水平。因此，围绕劳动力市场发育进行的改革，旨在改变工资形成机制，矫正对劳动力供求的扭曲。具体来说，在微观上给予企业决定雇用、解聘和工资的自主权，在宏观上消除劳动力剩余和冗员。第二是按照工资、生产率等信号配置劳动力，即在体制上给予劳动者退出、流动和进入的权利。第三是劳动力市场制度与供求关系共同决定工资、劳动条件、聘用和解雇等。

无论从理论预期还是实践结果看，旨在发育劳动力市场的改革，可以有两种方式，分别对应两类风险。以苏联和东欧转型国家劳动力市场改革的教训为例：当以数量调整（裁除冗员）为主时，往往导致严重的失业现象；而在以价格调整（降低工资）为主时，则会造成居民收入下降，两种情况都在很大程度上对民生稳定和社会安定造成损害。

中国城乡的就业方式、雇佣关系和工资决定的市场机制建设，经历了一个增量改革在先，然后触及存量改革的过程。即便是打破铁饭碗这样突破性的激进改革，也经过了必要条件的先行创造。这种改革推进方式，虽然也经历了痛苦的调整过程，但总体来说，没有造成对劳动者和居民生活的长期冲击，而且令人欣慰的是，达到了发育劳动力市场的目的。

在20世纪90年代中期以前，市场配置机制仅仅应用于（城市）新成长劳动力和（农村）转移劳动力。在城市，政府允许三种就业渠道同时存在，即劳动部门介绍的就业、自愿组织就业以及自谋职业三者结合。在农村，随着人民公社被废除，农村劳动力不再限于在劳动生产率极低的农业中分享收入，而开始在乡镇企业等非农活动中就业，劳动力从此具有了机会成本。由此，对于通过劳动力市场自行就业和农业转移劳动力就业，雇佣条件和工资等已经由市场上的供求关系决定了。

20世纪90年代后期，在国有企业遭遇严峻经营困难的压力下，政府大刀阔斧地推动了用工制度改革，从此打破了延续几十年的就业“铁饭碗”。改革最终取得了三个方面的效果，标志着劳动力市场进一步发育。首先，下岗职工在获得一定社会政策兜底的条件下，需要通过劳动力市场实现再就业。其次，城镇新成长劳动力不再由政府统一安排就业，也需通过市场自主择业。最后，农村转移出来的劳动力在城市则面对着更加均等的就业机会。

从此，市场配置劳动力资源的机制逐渐形成。随着新成长劳动力、再就业职工和进城农民工的就业和工资决定已经由市场机制调节，相应形成就业竞争的局面，也从存量上推动了企业职工的去留以及工资决定的市场化。

在很长时间里，国内外经济学家困惑于中国的就业数据，得出一些不尽正确的结论，且大多偏向于悲观。如美国匹茨堡大学的罗斯基教授声称中国经历着“无就业增长”，彼得森研究所的著名学者拉迪则认为，包括劳动力市场在内的生产要素市场改革滞后于产品市场改革。针对这些论点，我用中英文发表了一系列文章，并在很多国际研讨的场合发声，澄清中国就业数据，阐明劳动力市场发育的特点，揭示这一改革领域的成功之处。

到中国劳动力市场发育到一定阶段后，我又投身于另一轮学术争论——经济学家轻视乃至敌视劳动力市场制度的倾向。当然，做这项工作的时候，我并非从概念出发，真正关注的是劳动力市场制度在中国语境下的民生意义，以及这种研究倾向对政策的可能误导。

从确立社会主义市场经济体制目标模式，到强调使市场在资源配置中发挥决定性作用，党中央对改革目标的界定越来越清晰。实现从计划经济到市场经济的转变，需要我们学习市场经济的知识。诞生并且成熟于西方社会的主流经济学，就是关于市场的经济学，讲的是价格由供求关系决定、优胜劣汰或市场出清，甚至创造性破坏。

这些理念应用到产品市场改革以及一般要素市场发育

上，无疑都是成立的，对于中国的改革也是具有针对性的。然而，一些经济学家认为劳动力市场应该遵循相同的机理，因而排斥劳动力市场制度。这是一种严重的误解，也会对政策产生误导。

例如，张五常教授就对劳动力市场制度始终持反对态度。当全国人大常委会通过《中华人民共和国劳动合同法》之时，张教授就写文章批评，甚至迫不及待地把一篇急就章作为新印著作《中国的经济制度》的“不愉快的后记”。此后，他一直不遗余力、不厌其烦地对这部法律口诛笔伐。也有不少其他呼吁者，认为该法实施后发生的劳动关系变化，要对制造业企业的经营困难、工资上涨过快进而丧失比较优势负责。

这种认识的第一个错误，是把劳动力与其他要素不加区分地同等对待。马歇尔曾经指出，砖头用于建筑下水道还是建筑宫殿，对于砖头的供给者而言是不重要的。但是劳动力的卖方即劳动者，一定关心劳动力卖出后被如何使用。我一直呼吁，劳动的载体是人，既是生产手段也是发展的目的。因此，即便我们崇尚创造性破坏，破坏的对象可以是夕阳行业、丧失竞争力的企业、无效的产能，甚至终将被淘汰的岗位，唯独不能是人。

所以，讲到劳动力市场的时候，应该不同于产品市场或其他要素市场，仅仅讲供求关系如何影响价格，并把没有竞争力的产品或要素在市场上出清。针对劳动力市场，需要形成一系列制度安排，以对劳动者进行保护。

第二个错误是把劳动力市场制度建设与工资上涨之间的因果关系弄颠倒了。跨越刘易斯转折点，就意味着劳动力

在全国人大常委会会议上发言

短缺成为常态，这必然导致工资上涨。在经济史上，劳动力供求关系朝这个方向变化，通常也意味着另一个转折点的到来，一方面劳动者在市场上的谈判地位提高，另一方面政府主动加强对劳动者的社会保护。我写了不少文章说明，刘易斯转折点到来的2004年，事实上也是劳动力市场制度的作用开始增强的一年。

进入这个发展阶段，工资水平、工作待遇和劳动条件不再仅仅取决于劳动力的供求关系，而要以一系列劳动力市场制度为条件。这种制度建设表现为加快劳动就业立法，加大执法力度，实施最低工资制度、工资集体协商制度、劳动合同制，以及强化工会作用等。应该说，劳动力市场发育是否成熟，固然要看人力资源配置中市场的作用是否完善，但同样需要看这些保护劳动者的制度是否健全。

五 城市化：殊途同归

研究农业剩余劳动力转移或人口流动，实际上就是研究城市化问题。国际学术界普遍认为，中国改革开放时期的劳动力流动，堪称人类历史上和平时期最大规模的人口迁移。2010年，在接受约请与杨伟民一道作为主报告撰写人，写作中国发展研究基金会的《中国发展报告2010：促进人的发展的中国新型城市化战略》时，我把跨国数据和时间序列数据结合起来，从横纵两个维度上进行比较，发现中国改革开放以来的城市化速度，是统计数据能够显示的人类历史上最快的。

中国的人口流动和城市化，固然有极其鲜明的特色，也遵循了一般发展规律。但是，关于中国特色与一般规律的关系，在学界争论中却一直未被说清楚。一些学者和政策研究者，格外看重人口众多、劳动力丰富这个国情，强调中国在农村人口比重和农业劳动力比重双下降，以及城市化道路方面的特殊性。但是，这种过程的特殊性有时被过度强调，似乎最终目标也应该是非典型化的。

这个讨论自始至终存在于关于城市化道路的认识之中。对所有人来说，显而易见的事实是，农业剩余劳动力需要向外转移，而乡村的非农就业机会终究是有限的。最初回应这个现象的是著名社会学家费孝通先生。早在20世

2010年在亚当·斯密墓前

纪80年代，他就提倡大力发展小城镇，以作为中国特色的城市化道路。而且从那时起，官方的正式用语中始终不再有“城市化”这个词，而一直使用“城镇化”这个特色表述。

在这个讨论中，我着眼于用国际经验说明，城市化作为一个经济过程和发展现象，具有某些放之四海而皆准的规律，譬如说大中小城市是一个生态群落，彼此之间具有互利共生的关系。而说到国情和特色，小城镇遍地开花的城市化模式，恰恰同中国土地稀缺的资源禀赋特征不相符。不过，关于一般规律与中国国情之间关系的问题，在很长时间里还是困扰着我。

虽然片面强调小城镇的城市化格局在实践上被突破，大中小城市协调发展的思路得到确立，而且统计上1.7亿农民工的大多数也被认定为城市常住人口，但是政策上对大城市特别是超大型城市的警惕并未放松。

因为特大或超大型城市具有聚集效应，有利于经济增长，创造的就业机会也多，无论投资者还是劳动者，都能从中获得更多的发展机会，所以不论政策偏向如何，这类城市实际上都成为城市化的主要增长点。城市人口也发生着存量的调整，即呈现向这些大城市集中的趋势，以致形成了一系列城市治理难题，或隐或明地被看作是城市病的表现。

未能根本改变的政策认知，造成一个潜在的政策悖论——既要积极推进城市化，常常又不得不为最具有潜力和活力的特大城市发展设限，在实践中则出现循环往复的政策摇摆性和不确定性，也导致迁移者预期的不稳定，给城市化的进度和城市功能的发挥大打了折扣。更有甚者，特大型城市常常以种种借口，实施对外来人口的清理，希冀减轻城市病的症状，从而把政策悖论演绎成实际上的发展悖论。

针对这种认识及其背后隐含的政策倾向，我结合国际上以城市病著称的国家案例说明，城市病固然外在地表现为诸如基础设施不足、交通堵塞、贫困化、犯罪滋生、生活环境恶劣等现象，但是根源并非人口的过分集中，而是政府的失灵，包括不能创造足够多的就业机会，基本公共服务供给不充分、不均等，以及其他治理能力上的缺陷。

因此，我主张应顺势而为而不是因噎废食。固然需要为城市治理能力的培养留出一定时间，甚至可以以空间换时间，如按照城市规模循序渐进地放开户籍，但是，终究不能以此为由限制超大城市的发展，也不应该把超大城市的名录（负面清单）无限扩展。

我进行了一项估算，在改革开放时期，劳动力从低生产率部门（农业）向高生产率部门（非农产业）转移创造了资源重新配置效率，并对1978—2015年间全国劳动生产率16.7倍的提高，做出了高达44%的贡献。而这个贡献本质上就是城市化对经济增长的贡献。在超大型城市对外来人口实施大规模清退之际，我警示这种政策造成逆库兹涅茨过程的极大危险性，即生产率提高过程的逆向变化。那样的话，在经济增长亟待保持稳定的关键时刻，反倒丧失掉最重要的增长动力。

观察人口结构变化又一次帮了我的忙。农村16～19岁人口大体对应着初中和高中毕业生，是向城市迁移劳动力的增量来源。2014年这个人口群体总量达到峰值，随后就转入负增长，对应在国家统计局的农民工监测数据上，则是每年农村外出劳动力数量进入徘徊状态。

在统计口径上，新成长农民工是常住人口城镇化的主要贡献者。由于这个增量减少，城市化动力减弱，地方政府也能够感觉到，于是纷纷以改变行政区划的方式，尝试保持统计意义上的城市化速度。这种方式表现为县改市（区）、乡改镇（街道）和村（委会）改居（委会）等。

然而，由此推动的城市化在改变居民户籍身份的同时，却并不必然改变他们的职业类型以及基本公共服务保障水平，因而并非典型意义上的库兹涅茨过程。所以，保持城市化速度并使其具有库兹涅茨改进效果，关键是要把农民工留下来。

在试图治理城市病的尝试中，一些特大型城市政府对待农民工的态度再次转向不友好。虽然各地政府的政策不尽相同，但事实上也有不少城市继续改善着农民工的居住和就业环境，甚至掀起一轮挖人才高潮。由于农民工高度集中在特大城市，这些城市的政策具有代表性和信号意义。

2014年之后，进城农民工的存量大体保持不变，意味着在新成长农民工数量与年龄偏大农民工返乡数量之间形成了一个均衡。这时，城市对待农民工的态度决定着返乡意愿（概率），从而决定着农民工是净流入、零增长，还是净流出，分别也可以称为“库兹涅茨过程”“库兹涅茨停滞”和“逆库兹涅茨过程”。很显然，这三种状态对于中国是否能够实现高质量发展具有截然不同的含义。

我揭示这些统计现象及其含义的目的，在于向城市政府呼吁，不要回到传统的抑制城市发展的政策轨道上，出路反而是加快户籍制度改革。针对城市化只扩张土地面积，不增加人口的倾向，我曾经提出“以农民工市民化为核心的城市化”，希望政府能把户籍制度改革放在推进城市化日程的优先地位。可以说，这一倡导得到政策的响应。党中央和国务院的文件提出一个更加准确的表述——以人为核心的新型城镇化。

长期关注城市化及其相关的农村劳动力转移等问题，最终使我认识到，由于初始条件的不同，中国的城市化的确有必要走一条具自身特色的道路。譬如，强调户籍制度改革的渐进性，引导农村劳动力依次进入小城镇、中小城市到大城市，以及先通过发展非公有制经济创造就业，再打破国有企业“铁饭碗”等。

然而，正如国际经验所显示的，任何国家的现代化都不可能建立在较高的农业劳动力比重，以及较低的城市化水平的基础上，城市化的目标没有国家差别，城市化道路最终需要回归一般规律。一言以蔽之，对推进城市化来说，只有过程和途径的中国特色，没有目标和结果的中国例外。

伍

破解经济发展之谜

自1978年到2018年，中国史无前例的改革开放走过了40个年头。孔子曾对人生中的不同阶段做出过至今我们耳熟能详的经典论述。子曰："吾十有五而志于学，三十而立，四十而不惑。"1994年，我与林毅夫、李周合著的《中国的奇迹：发展战略与经济改革》一书出版了，预测中国经济对日本和美国的赶超。

该书出版的第二年即1995年，中国经济规模超过了加拿大、西班牙和巴西，2000年又超过意大利，排到世界第六位。随后，在21世纪前10年中，中国又依次超过了法国、英国和德国，到2010年，中国取代了日本作为世界第二大经济体的地位，仅仅位于美国之后。

有关"三十而立"这一阶段，孔子也曾说过："如有王者，必世而后仁。"孔安国对这句话的解释是："三十年曰世。如有受命王者，必三十年仁政乃成。"也就是说，30年叫作一代，治理国家者施行仁政，解决民生问题，30年是一

1994年出版《中国的奇迹：发展战略与经济改革》时的合影（从左到右为李周、林毅夫、蔡昉）

个可以显示出效果的时间区段。在纪念改革开放30周年时，我邀请国内权威学者撰写文章，描述改革开放发展的历程并展示其成就，在国内外出版了专著。

把孔子所说“四十不惑”用在纪念改革开放40周年之际，首先是说40年的成功实践确定无疑地证明了这条中国特色改革开放道路的正确性；进一步引申，这也是说40年是一个值得认真总结的时间点，以使我们对改革开放的认识上升到更高的理论层面，从而更好地指导未来的改革实践；同时，占世界人口1/5的中国人民的成功实践即中国故事，也应该被总结为中国智慧，成为具有一般意义的解决人类发展问题的中国方案。

我以总结和提炼改革开放成功经验为主题的著述不在少数。改革开放40周年之际，我做了几件事情，也无意间有所收获。首先是及早着手，组织同行撰写回顾改革经验的文章，希望我们经济学家自己能够升华理论认识，也帮助国内外读者加深对中国奇迹的理解。其次是修订了之前出版的获奖专著《破解中国经济发展之谜》，作为对改革开放纪念40周年的献礼。最后是新著《读懂中国经济》被中国图书评论学会评为“2017中国好书”。

一　主流经济学的贫困

2013年，巴克莱银行经济学家常健跟我谈起一件有趣的事。她说，百达瑞士银行（Pictet）的一位资深亚洲策略师在香港与她见面时，专门提起我在北京的一次演讲。这位策略师指着会议日程表对常健说："这个人的演讲令人印象深刻，不仅是因为他的英语，更是他高人一筹的分析能力。"他认为我的演讲风格很像法国人传统上接受的训练和推崇的方式，逻辑清晰、思维严谨，从宏观框架到提出论点，再层层论证，不像盎格鲁-撒克逊式论证，说十个观点就一五一十地依次罗列出来。

对于何为法国人的逻辑思维方式，盎格鲁-撒克逊式的逻辑思维方式又是什么，我一度百思不得其解。直到2017年开始考虑，应该以什么样的分析框架回顾和总结40年的中国经济改革经验，注意到西方学者以哈耶克"人类行为的意外结果"解说中国改革成功的原因，既不符合中国实际，也不符合理论逻辑时，终于豁然开朗，原来，这种受到推崇的、我用来分析经济问题的思维方式，除了"历史逻辑和理论逻辑相统一"之外并非其他。

恩格斯在《卡尔·马克思〈政治经济学批判〉》中概括了这种思想方法："历史从哪里开始，思想进程也应当从哪里开始，而思想进程的进一步发展不过是历史过程在抽象的、理论上前后一贯的形式上的反映；这种反映是经过修正的，然而是按照现实的历史过程本身的规律修正的，这时，每一个要素可以在它完全成熟而具有典型性的发展点上加以考察。"

我们是经历过马克思主义政治经济学训练的一代，一些思维方式和逻辑习惯，已经潜移默化，在基因里面留下了指令。虽然并非有意为之，用起来未必十分高明和准确，而且，从模糊的感觉或称灵光一现到理论概括，尚需经过艰苦的过程，但是，这种思想方法的确是在润物细无声地支配着我对经济问题的思考。

有些学者，特别是一些大受媒体追捧的学者，的确以其“一五一十地依次罗列”的叙述方式取巧，易于为记者和大众理解，无须费脑子便可以听到一些“新观点”，感觉专家真是说出了自己想说而没说出的话。然而，如果研究者没有扎实的理论功底和严谨的分析逻辑，多听他讲几次便知道他会露出马脚，此次表达的观点与彼时说过的观点，往往在逻辑上不能保持一致性。

有一次我给全国总工会做报告，该单位司机在送我回家的路上，说起他本人也在会场听了报告，觉得很有说服力。并称在此之前，他只知道另外一位经济学家的名字，是一位任职于香港，但长年累月都在内地赚取天价演讲费的学者。

有趣且耐人寻味的是，这位在国家机关工作的职业司机，表示自己对这位名人很不感冒，原因是每一次在电视上观其演讲，都会发现他的观点和逻辑变了。这固然说明全国总工会工作人员的素质比较高，但也说明，博人眼球的三脚猫功夫终究要被人戳穿。

强调经济学是一门实证科学的弗里德曼认为，理论应该对于尚未为人所观察到的现象做出有效且有意义的预测。这种实证主义的预测在弗里德曼那里，被强调到荒谬的程度，例如他认为可以从观察与假设的一致性检验中，确认一棵树上的树叶密度的分布，是每片树叶为了追求获取阳光最大化的有意行为。不过，在涉及人的行为方面，做出理论假设并进行预测，确乎经济学家的专长。

早在20世纪90年代初期，中国改革开放处于“十有五而志于学”的阶段，我和林毅夫、李周就出版了《中国的奇迹：发展战略与经济改革》一书，尝试给出理论解释并做出未来的预测。2008，我国在改革开放迎来“而立之年”，我约请了国内各领域的权威经济学家，解说“三十年仁政乃成”的经历，并主编出版了中英文专著。2017年，我提前开始准备纪念改革开放40周年，希望能够拿出具有“四十不惑”高度的研究成果。

我不打算自说自话。而在阅读和回顾文献的时候，却惊奇地发现，解说中国改革开放的经济学话语权，并不为中国经济学家所掌握，而是在国外主流经济学家那里。就我有限的了解，从覆盖范围和影响程度的角度来看，值得一提的是其中两种具有代表性的观点，并且可以发现，这两种观点在国内外的中国经济研究圈子里十分流行，甚至被奉为经典。

第一种观点来自诺贝尔经济学奖获得者、已故经济学家哈耶克。他指出，有一类社会变化实际上“是人类行为的意外结果”。其含义就是尽管并没有朝着某个既定的方向去努力，结果无意中达到了那个目标，包括同为诺贝尔经济学奖获得者的罗纳德·科斯及其追随者如张五常和王宁等人，都把中国作为该说法的绝妙案例，把中国改革开放的创举作为无心插柳的结果，这从根本上妨碍了我们科学总结中国奇迹和中国智慧。

我和林毅夫、李周从微观经营环节到资源配置机制，再到宏观政策环境，及至发展战略，描述和阐释了中国经济体制改革的内生逻辑。从每一项改革的自身逻辑看，譬如从家庭联产承包责任制的零星试验到全面推开，从农民工的理性流动到劳动力市场发育，从非公有制经济发展到国有企业改革等，都否定了这种“意外结果”的说法。

第二种观点来自曾任世界银行首席经济学家的霍利斯·钱纳里（Hollis B. Chenery）。他认为，一个国家如果认识到了它的体制弊端并进行改革，即便不具备发展所需的必要条件，也能实现快速发展。在一部2008年出版的关于中国经济转型的著作中，中外45位作者对改革成效进行了详尽的分析。担任主编的罗伦·布兰德和托马斯·罗斯基教授（Loren Brandt和Thomas G. Rawski）试图用这个观点统领全书，不过我猜想大多数作者并非如此认为，至少我也参加了该项目，却不认同这个观点。

认为中国并不具备发展的必要条件这种观点容易让人困惑，无法解释40年来中国经济的高速发展从何而来，因而为此前提到的“克鲁格曼–扬诅咒”提供了理论依据。克鲁格曼和扬的出发点和理论逻辑正是，当不知道特定经济体在特定时期的增长源泉是什么的时候，必然认为改革所导致的增长只是回归生产可能性边界，仅为一次性效应而不具有可持续性。

这些观点固然是我在回顾改革开放40年之际概括的，此前很长时间里的研究，我已经自觉或不自觉地对之做出回应。有趣的是，这两种代表性观点都是当代人挖掘出的已故经济学家的遗产。虽然克鲁格曼和扬都健在，按照我读过的一本书《已故经济学家思想的生命力》（Living Ideas of Dead Economists）的选取标准，在世的经济学家也可以被收入该书。这不仅恰好印证了凯恩斯的说法，即实践者终究是某个已故经济学家的思想俘虏，而且表明，要想把中国故事提炼为中国智慧，必须打破前人和逝者的圭臬。

二 被忽略的增长源泉

从诺贝尔经济学奖获得者索洛开始，经济学家常常采用增长核算法（growth accounting）来分解经济增长因素。传统生产要素如物质资本、人力资本和劳动力等投入的增加，无疑是增长的推动因素，也容易找到对应的变量放到总量生产函数模型中去。考虑到这些因素之外，还有一部分增长或者不增长，并不能由这些变量解释，在统计上便形成一个残差项，即全要素生产率。

要素投入水平不变而取得更快的增长速度，是因为全要素生产率提高所做出的贡献；要素投入水平扩大而增长速度没有做出相应的反应，则是因为全要素生产率负增长把要素的贡献抵消掉了。中国改革前后经济增长表现的差别，核心还不在于增长率百分比的不同，而在于全要素生产率的差异。中国经济学家杨坚白和美国经济学家帕金斯等，都对改革前后的全要素生产率进行过估算，揭示了巨大的反差。

增长经济学家还采用一种数学上不那么严格的计量模型，解释影响国家之间增长差异的因素，称之为增长回归法（growth regression）。通常是确定一些理论上对增长表现具有影响的变量，既包括有形和无形的生产要素，也包括体制因素和其他条件。说这种方法不那么严格，是因为它通常不能把变量的贡献与增长表现完全对应，而只能指出其是否产生影响以及显著性如何。

借鉴这些计量方法，我和我的研究团队从不同角度对改革开放以来的经济增长进行分解。与现在许多年轻经济学家不同的是，我们的目的十分明确，就是从对中国经济增长的现实观察出发，以发展经济学的相关命题为参照，对我提出的一些假说进行经验检验，以揭示中国的独特发展条件，回答中国何以打破“克鲁格曼–扬诅咒”的问题。

我的一项工作是识别全要素生产率的特殊源泉，包括世界银行专家在内的一些学者，注意到中国劳动力的跨部门和跨地区重新配置，对经济增长做出显著的贡献。受其启发，我和王德文把全要素生产率对经济增长的贡献，进一步分解为两部分，分别是劳动力从农业向非农产业转移带来的资源重新配置效率，以及其他无法解释因素即残差项。

估计的结果符合预期，即劳动力流动带来的资源重新配置效率，构成改革开放时期全要素生产率的极其重要部分。此后，我始终保持着对这个问题的兴趣并继续观察，不断确认这个研究结论并扩展其政策含义。

这项研究从理论上和经验上帮助我形成了一个重要的认识，即包括（但不限于）劳动力充分供给在内的人口红利，构成中国高速增长的必要条件，而包括清除生产要素配置障碍在内的体制改革，则是这个高速增长的充分条件。

这样，我们同时检验了从二元经济发展理论和经济转轨理论推论出来的关于中国生产率提高的假说。当然，得出的结论也具有重要的政策价值。譬如说，在收获人口红利期间这个资源重新配置因素推动了生产率提高，而人口红利消失则表现为该因素的式微。因此，未来保持全要素生产率的提高需要另辟蹊径。

我们还实际估算了人口红利对经济增长的贡献。20世纪90年代以哈佛大学经济学家为代表，提出人口红利这个概念，并尝试以此解释从早期新大陆国家到后来东亚国家和地区经济增长的杰出表现。我和王德文最初的研究，是把人口抚养比作为人口红利的代理变量纳入计量模型，看其对经济增长的贡献。之后又接受青木昌彦教授的约稿，与赵文一起用不同方法进行过类似的估计。这样，就从经验上把人口红利从一个模糊的说法转化为计量估计结果。

人口红利这个概念，在我之前国内有学者使用过，但只是笼统地认为实施计划生育政策带来的人口红利对经济增长做出了贡献，并没有从统计上进行过检验。或许，计划生育政策加快了人口转变的进程，因而可以说该政策间接促进了人口红利提早显现。

不过，我坚持不懈地指出：第一，即便没有人口控制政策，人口转变作为一个规律也必然发挥作用；第二，如果说计划生育政策促使较为有利的人口结构提早形成，来之既早，则失之也快；第三，计量模型中人口因素以往的贡献有多大，人口转变阶段变化后出现的负面效应就会有多显著。

有两个原因：一是我不愿意事后批评计划生育政策，而是承认历史，提倡稳妥、渐进地推动改革；二是很多激进的政策调整倡导者如易富贤等，并不懂得经济增长问题。所以，虽然我积极从理论上帮助推动计划生育政策调整，但少数人却不明就里，常常把我作为计划生育政策辩护者的代表人物来批评。

我们也尝试把劳动力重新配置因素纳入地区发展模型之中。在内生增长理论越来越得到认同和追随的情况下，以巴罗和萨拉伊马丁为代表的学者，力图以经验证据为新古典增长理论辩护，提出了“条件趋同”这样一个分析框架。在统计上，这一学派引入大量五花八门的变量，用来证明在控制了这些条件的情况下，各国经济增长有趋同的趋势。

这种方法也显露出过度依赖回归分析的弊病。萨拉伊马丁就得意地把自己的一篇文章起名为《做它四百万次回归》。这种一味往模型中加解释变量的做法也遭到诟病。如巴格瓦迪将其讽刺为“（等式）右手边变量斗士”。不过，谨慎选择这些变量和适度解释其作用，仍然有助于我们认识经济增长的各种因素。

呼应国家实施西部大开发战略的政策需求，借鉴这个条件趋同理论框架，我与都阳、王德文等合作做了一系列增长回归，尝试找出导致东部、中部和西部地区之间产生发展差距，或者三类地区没有产生趋同的因素。借此也对国家的区域发展战略提出政策建议，其中一些多年以后被证明具有针对性和先见之明。

在一篇分别在中外期刊发表的文章中，我们设计了一个特殊的变量，把劳动力重新配置因素加入模型中，发现其对于经济增长具有显著正向作用。回想起来，这对我后来理解资源重新配置改善生产率的库兹涅茨过程，算是一个重要的经验铺垫。

从20世纪90年代末到21世纪头10年，经过大量这样的研究，我对先后得出的经验结论进行了集成性的思考，为每一个结论寻找理论上的解释和实际发展经验中的对应性，得出了对于改革时期中国经济高速增长的总体认识。

首先，人口红利不是一两个变量可以代表的，而是体现在几乎所有经济增长因素之中。反映这些因素，既有总体生产函数中的传统变量，也有一些从二元经济理论中得出的独特变量。无论是国外学者还是我们自己都使用过的抚养比这个变量，只是反映未能在其他变量中体现的那部分人口因素对经济增长的影响，因此，充其量只是人口红利的残差。

其次，人口红利也不仅仅由劳动力数量体现出来，人力资本迅速改善也是人口转变一定阶段的产物。在处于赶超阶段的国家，大规模新成长劳动力的进入，以及这些人群所获得的更多受教育年限，是劳动群体人力资本存量得到改善的主要因素。

再次，除去认识到人口抚养比持续降低，有助于形成并保持特定时期的高储蓄率之外，更重要的一点是，劳动力的无限供给能够延缓资本报酬递减现象发生的速度，从而有利于形成很高的投资回报率。由此打破新古典增长理论的基本假设，对于理解资本积累在经济增长中的绝对支配性作用，且持续时间足够长，也是至关重要的。

最后，劳动力重新配置效率，是改革开放时期全要素生产率改善的主要贡献因素。克鲁格曼等反复宣称，这个时期的中国经济增长完全靠生产要素投入所驱动，而看不到生产率进步的作用。我坚信，正是因为他们不承认也不懂得二元经济发展，所以使用了种种统计上的招数，主观地把生产率提高的痕迹从模型估计中抹掉了。

基于以往的工作及由此得出的结论，我们得以估算和预测中国经济的潜在增长率。在上述认识的基础上，正如我们的研究所显示的，在人口机会窗口期，所有预期的变量都对经济增长具有显著的正贡献一样，当人口因素发生逆转性的变化，经济增长速度一定会慢下来。

2010年第六次全国人口普查的汇总结果发布后，我敏感地注意到，15～59岁劳动年龄人口在这一年到达峰值，随后进入负增长；相应地，人口抚养比到达谷底，随后进入提高的时代。之后国家统计局局长也宣布了这个变化。这毫无任何意外地使我做出判断：所有受人口因素影响的变量，都将以与此前相反的方向作用于经济增长。

按照这个理论预期，我和陆旸对中国经济的潜在增长率进行了估计和预测。虽然我意在把握经济增长趋势，并没有指望这种估计在数量上一定是精确的，但是，无论是把以往的估计与历史数据相比较，还是把预测结果与后来的事实相对照，其准确性均获得证明。

也就是说，随着人口转变阶段的变化，生产要素供给和重新配置的潜力都要发生变化，因而导致中国经济的潜在增长率下降。这项研究从经验的角度揭示出以下两个重要的结论，即自2012年开始的减速是供给侧而非需求侧因素所致，这是一个趋势性而非周期性的过程。有这些研究结果作为背景知识，我便能够较快地理解经济发展进入新常态的判断，以及供给侧结构性改革的紧迫性。我也据此提出了相应的政策建议。

三 发展成果如何分享

对于中国改革开放和发展成就，国内外绝大多数经济学家都给予了高度赞誉。然而，对于经济发展结果是否充分得到分享，却有着不尽相同的评价。否定派或悲观派通常不懂得二元经济发展，因而未能充分认识到劳动力转移对于提高农民收入的积极效应，反而经常会有一种声音，认为农民工的工资受到人为的抑制。从经验上看，学者们引用一些收入不均等指标，如居民收入基尼系数和城乡收入比率等变化趋势，来支持这样的结论。

一般认为，中国的改革开放起步于很低的收入不均等。的确，20世纪70年代末，按城乡分别计算的基尼系数都非常低。但是，一个不容忽视的事实是，改革之前城乡收入差距非常之大。而且我们知道，1978年农村有2.5亿人生活在年收入不到100元的状态，而城镇居民通常由政府统一分配了工资性就业岗位。因此，不难想象，城乡收入差距很可能比统计数据显示的要大，甚至可能要大很多。

如果像后来经济学家揭示的那样，全国总体的收入不均等程度可以分解为城镇内部不均等、农村内部不均等以及城乡之间不均等三个部分，巨大的城乡收入差距的存在，很可能造就一个较大的基尼系数。不过，统计部门公布的全国基尼系数，最早也只能追溯到1981年，而那时城乡收入差距已经大幅度降低了。

不管怎么说，基尼系数从20世纪80年代中期开始便逐年提高，城乡收入差距从80年代末期开始逐年扩大。虽然我也进行了一些分析，说明由于统计口径的因素，基尼系数和城乡收入差距都有被高估的倾向，但是，并无意否认收入分配状况变差的现实。我只是认为，把问题归咎到农业劳动力转移上面，从逻辑上讲是弄错了因果关系。

虽然经历过收入差距的扩大，但总体而言，中国城乡居民在不同时期，分别通过三种途径分享了改革开放和发展的成果。唯其如此，从较长的时间维度看，改革开放才赢得了中国人民的广泛支持，经济增长才获得庞大的国内消费需求的支撑，改革、发展和稳定之间的一个良性循环才得以形成。所以，我也把这三种途径称为分享效应。

第一是就业数量扩大效应。劳动密集型产业的发展创造了更多岗位，虽然不同收入组的收入增长幅度不尽相同，但有一点是确定的，即处于各收入组的居民，与过去相比收入都得到了显著的提高。至于为什么这个时期显现扩大的基尼系数和城乡收入差距，我们可以找出许多原因。但是，改革开放发展的主逻辑是在找出这些原因之后，消除这些因素。

例如，劳动和资本要素的相对稀缺性决定了两者报酬在国民收入中的相对份额，而二元经济发展趋于改变这种要素禀赋；劳动力转移不够充分、不够迅速，导致其提高农民收入的效应跟不上城市居民收入增长，因而出路不是倒退，而是通过消除各种制度障碍，促进劳动力进一步流动。至于在国有资产、土地和其他资源的资本化过程中产生的严重机会不平等问题，只能通过深化改革，让市场在资源配置中发挥决定性作用予以解决。

总之，农村劳动力转移和重新配置，是改革发展成果分享的必由之路。从宏观层面看，这种资源重新配置是生产率提高的源泉；而从微观层面看，劳动力选择进入新的产业、地区和岗位就业，前提必然是更高收入的引导。而更高的工资来自更高的生产率，所以这个过程不仅符合经济理论预期。

把中国与美国进行比较，可以看到截然不同的情形。诺贝尔经济学奖获得者迈克尔·斯彭斯（Michael Spence）对中国经济非常关注，对取得的成就给予高度评价。每次见面，都不会忘记说一声我是他的老师。这是一句客气话也是一个特指，从一起为“十二五”规划提建议，到共同参加的研讨会，他已经对我关于中国就业的分析很熟悉且颇感兴趣。

他自己在研究美国就业时则发现，1990—2008年，美国处于价值链低端的制造业大量转移到海外阶段，与此对应的就业岗位也相应流失。因此，其间新增就业几乎全部来自以服务业为主的非贸易部门。

有人在解读斯彭斯的这个成果时，引申出“产业外包毁灭了美国实体经济”的结论。我曾在一篇英文文章中，把他的结论和其他人的引申相提并论。我没有想到的是，国外出版社的编辑按照文献索引去核对了原文，十分负责地向我指出，在斯彭斯原文中，看不到“产业外包毁灭了美国实体经济”的直接表述。在感谢编辑的同时，我也为斯彭斯没有明确得出这个结论感到几分欣慰。

按照经济学原理和现实逻辑，美国（作为发达国家的代表）工人的工资过高在先，由此诱致产生一个资本替代劳动或机器（人）替代工人的技术变迁过程，进而导致技术结构和产业结构的变化，在国外劳动力成本更低的情况下，最终结果便是劳动密集型产业转移到海外。至于那些被替代下来的工人，由于不能适应新的岗位，多数情况下只好转岗到生产率较低因而工资也较低的服务业。

这个逻辑足以解释美国最广为人知的两个突出问题：一个可以称之为工资悖论，即金融危机过后虽然就业逐渐得到恢复，工资却没有实质性增长；一个是所谓的生产率悖论，即在计算机等新技术广泛应用的同时，生产率却没有实质性进步。

中国的情形恰恰相反。劳动力丰富因而工资较低作为一种禀赋或比较优势，使中国得以在劳动密集型制造业上面获得国际竞争力，同时把大规模的劳动力从低生产率从而低收入的岗位吸纳到更高生产率从而更高工资的岗位。这一资源重新配置效率与发展成果分享的完美结合，值得经济学家予以总结。

美国政客甚至那些党派意识很强的经济学家，把国内政策的失败归咎于中国成本低廉的劳动力和具有国际竞争力的制造业产品，这样做至少是符合政治经济学逻辑的，即在无力改变现状的情况下需要寻找替罪羊或假想敌。然而，国内学者长期以来不懂得或者不相信比较优势理论，无论从理论上还是实践上都只能是有害无益的。

第二是工资率提高和就业质量改善效应。刘易斯转折点到来后，劳动力短缺成为常态，这从根本上改变了劳动力供求关系。这一变化对基于劳动力市场运行的初次分配，以及基于劳动力市场制度建设的再分配，都具有重大意义。我在研究中发现，随着发展阶段变化出现了诸种机制，使劳动者和普通居民家庭对经济增长的分享程度进一步提高。

在刘易斯和库兹涅茨的文献中，已经先知先觉地讨论过其中的一些机制。观察中国劳动力市场的现实变化，至少可以指出以下两个重要趋势：一是劳动者在雇佣关系中的谈判地位明显提升，劳动力市场制度建设进程加快，提高了对劳动者的社会保护水平；二是普通劳动者工资提高，从而低收入家庭收入加快提高。2008年以来，居民收入基尼系数和城乡收入差距都呈现持续缩小的趋势，显示以上两种机制已经在一定程度上促进库兹涅茨转折点的到来。

一段时间以来，我写了很多文章探讨刘易斯转折点到来之后诸个领域的新趋势，旨在把发展经济学关注过的重要现象，与中国经验建立起内在联系，使后者更具一般意义。其中有关公共政策转向的讨论，主要反映在两篇文章中。第一，被誉为澳大利亚自由贸易之父的彼得·德拉斯戴尔（Peter Drysdale）教授为纪念郜若素（Ross Garnaut）教授从澳大利亚国立大学退休，主编了一本由剑桥大学出版社出版的论文集。作为两位教授的老朋友，我义不容辞地撰写了《转折点与公共政策转向》一文。第二，斯蒂格利茨教授约我为其主编的一本书撰文，我借机专门讨论了转折点与户籍制度改革。

第三是再分配政策力度增强效应。在阅读文献和观察现实情况的基础上，我把如何促成库兹涅茨转折点到来作为改善收入分配的条件与途径的代理命题，归纳出若干特征化事实，并称之为“新库兹涅茨事实”，分别为库兹涅茨转折点相伴刘易斯转折点而来、政府缩小差距的意愿和政策力度至关重要、产业和技术结构以及全球化影响收入分配，以及单纯分蛋糕的民粹主义政策适得其反。

有意识或者无意识地，经济学家长期认为经济发展过程中存在着所谓的“涓流效应”，即无须政策介入，经济增长能够自动创造出成果分享的机制。然而，无论是中外经济发展史还是当代国际经济政治现实，都证明这种涓流效应只是理论家的一厢情愿和政治家的宣传伎俩。不过，在承认政府在再分配中应发挥积极而适当作用的同时也要看到，再分配政策的实施力度，归根结底是一个政治经济学问题，与发展阶段和发展理念密切相关。

中国经济到达刘易斯转折点，意味着更好实施再分配政策的条件臻于成熟。进入21世纪特别是第二个十年以来的现实，也充分显示出中央和地方政府促进基本公共服务均等化的努力效果。虽然总体来说，中国的收入分配问题还没有破题，但是，以人民为中心的发展思想的确立，以及在此思想指导下的政策实施，将会在已创经济增长奇迹的基础上，再创改革发展成果分享的奇迹。

四　从人口红利到改革红利

人口学家喜欢说，中国的人口红利不会消失，因为劳动年龄人口无论是增长，是停滞，还是减少，绝对数量都将长期在世界上保持无以伦比。这听上去很有道理，却是一个错误的推论。因为我们在讲人口红利时，是指人口因素对于经济增长的积极效应，而不是孤立地谈人口数量或结构特征。

那么，什么是经济增长呢？这里没必要做过于烦琐的定义，只需看到其作为产出的增量这一本质特征即可。所以，考察影响经济增长的各种变量，无论是描述生产要素供给还是生产率提高，关键是看其增量变化，而不是总量规模。像劳动年龄人口这样的因素，即便总规模始终很大，其增量的变率却会在正数、为零和负数这样的幅度内变化。

换句话说，即便在劳动年龄人口总量庞大的情况下，在生产函数等式的右边，所有与人口因素相关的变量，对于等式左边GDP增长率的影响，都可能发生正负符号意义上的变化。那么，当一个能够代表人口因素的变量由增到减，因而使GDP增长率的效应（估计出的系数）发生从正变为负这种颠覆性变化时，还能不能说人口红利继续存在呢？

我倾向于说：人口红利正在迅速消失。毋庸置疑，虽然劳动年龄人口增长率由正转负，相应导致了劳动力数量短缺、人力资本改善减速、资本报酬递减和资源重新配置空间缩小，但仍有努力的余地，可以增加劳动力供给、改善教育与培训、提高要素配置效率、转向新的全要素生产率源泉。然而，真正挖掘出这些潜力，却不能沿袭此前或许行之有效的发展方式和体制机制，需要通过一系列旨在清除体制障碍的改革。为了强调这一点，我有意不再使用挖掘人口红利潜力这个说法，而只讲如何释放改革红利。

而且正像人口红利在数量上是真实可见的一样，改革红利也表现为真金白银。我把总体生产函数等式右边变量的可能变化，与改革的领域、举措和力度逐一建立起定量关系，与陆旸合作估计了改革对未来潜在增长率的影响，即实际估算了改革红利。例如，户籍制度改革对非农产业劳动参与率和配置效率的影响，国有企业改革和投融资体制的改革对全要素生产率的影响，生育政策调整对总和生育率从而对未来劳动力供给及抚养比的影响等，都具有提高潜在增长率的显著效果。

从按照现行节奏进行改革，到以尽可能大的力度推进改革之间，未来的潜在增长率可以有不同的情景，我们模拟了其中四种获得改革红利的情景。总体来说，无论改革力度如何，在经济发展进入新常态的条件下，中国经济的潜在增长率终究要长期下行。不过，潜在增长率的下降速度，并不会像劳伦斯·萨默斯等人预测的那样，在短期内就将“回归到均值”。

我们的模拟表明，即便按照改革力度不变的自然趋势，中国的潜在增长率也会长期高于世界平均水平，更会高于发达国家水平，从而保持趋同的势头。而一旦改革的方向正确、时机恰当、力度到位，潜在增长率下行的速度比自然趋势还可以更缓慢一些，在最理想的情形下，可以形成一个L形的变化轨迹。

人口红利也好，改革红利也好，都是相对的概念，你中有我，我中有你。对于改革开放时期中国经济的高速增长来说，前者强调的是必要条件，后者强调的是充分条件。我在早期研究人口红利的时候就特别强调，有利的人口结构并不能自然而然地转化为人口红利，必须以改革为前提。而一旦人口红利消失，保持经济中高速增长就更需依靠深化改革。

与此同时，今后的改革难度也将越来越大，相应地，经济增长动力的转换愈加举步维艰。刘易斯转折点到来之前，在人口红利与改革红利相互交织的条件下，通过消除体制弊端促进经济增长，进而整体改善人民生活水平的机会比比皆是，如同易于摘取的低垂果子。相应地，改革的举措和推进也具有帕累托改进的性质，即在惠及一部分当事人的同时，并不造成对其他群体的伤害。

在人口红利消失的同时，这种帕累托改进式的改革机会应该已经消失殆尽。在中共召开十八大之前，美国一位著名的“中国通”李侃如来访，向我问起两个改革领域——生育政策调整和户籍制度改革。他声称这两个领域涉及最少的既得利益，因此，能否推进这两个方面的改革，可以作为判断领导层改革决心的试金石。

由于思考不深和观察不够，我当时也赞成他的说法，以为这两项改革是免费的午餐，只有收益没有成本。自那以后，这两个领域的改革的确取得了实质性进展。从生育政策调整看，自2014年开始允许一方为独生子女的夫妻生育二孩，到2016年便全面实行一对夫妻可生育二孩的政策。从户籍制度改革看，户籍人口城镇化率提高速度加快，常住人口城镇化率的缺口似乎在缩小。

然而，改革的推进仍然呈现出此类改革特有的难度。实际上，这两项改革都遇到并将继续遭遇阻力。生育政策调整的阻力甚至来自政府本身，即主管部门至少会把面临的职能调整和干部转岗困难，带到关于改革节奏的考虑当中，可能导致改革推进时机和速度与现实的迫切要求不尽一致。至于户籍制度改革，地方政府需要承担农民工市民化的全部成本，却不能排他地获得全部改革收益，因此形成与中央政府利益上的不一致。既然地方政府和主管部门都有垄断信息的能力，且都存在着与顶层设计者激励不相容的问题，拖延甚至阻碍改革的现象就可能出现。

作为研究者和政策建议者，我实际上面对着三类课题，分别需要揭示出人口红利消失的必然性、保持中高速增长必须释放的改革红利，以及推进改革的难点所在，以便提出破解难题的政策建议。在完成了前两项任务之后，便为更好地回答最后这个问题打牢了基础。

我概括了进一步改革面临的若干难点。首先，在改革不可避免对利益格局进行深度调整的情况下，会遭到既得利益群体的抵制和干扰。其次，在形成创造性破坏竞争环境过程中，部分劳动者和经营者会陷入实际困境。再次，改革成本的承担主体与改革收益的获得主体并非完全对应，因而产生激励不相容的问题。

事实上，解决这三个难点的核心，都在于创造条件以实现改革的激励相容。因此，我们从定量角度估算的改革红利，即改革措施可以产生的潜在增长率的追加百分点，可以成为一个重要的立足点。在确信改革收益大于改革成本的情况下，进一步观察则发现，改革收益具有明显的外部性，因而改革受益者与改革成本支出者之间存在着不对称的问题。

在此基础上，我主要以推动农民工市民化为核心的户籍制度改革为例，进行了更有针对性的研究，希望能够把从中得出的结论，通过顶层设计推及更广的改革领域。我提出的政策建议是：深化改革应着眼于在中央和地方政府之间分担改革成本和分享改革红利，对建立新体制需要的财政支出责任进行重新划分，对受损当事人进行必要补偿，特别是对劳动者进行社会政策托底。

陆

中国经济的纵与横

2006年我第一次到英国出差，在英国皇家国际事务研究所（Chatham House）开会之余，与另一位经济学家相伴，乘火车去剑桥以一睹这个世界上著名的大学和大学城。由于没有确定特别的目的地，我们便只是在高街间和康河畔徜徉，逐一细观各个历史悠久的学院，感受那种既古老又现代的学术气息。记得清清楚楚的是，我们无意中探访了庄严雄伟的国王学院建筑群，那个与凯恩斯的名字联系在一起的所在。我读过不同作家各种版本的凯恩斯传记，能够身临其境感受大师学习、教书和做研究的环境，倒也觉得不虚此行。

不过，我在多年后回想起来，对这种漫无目的、信马由缰的游览方式大感后悔，这是由于后来知道了，自己在那一天竟错过了仅数步之遥的冈维尔与凯斯学院。不为别的，只因为这个学院是著名中国科技史学家李约瑟的永久性基地，多年于此进行研究并曾担任院长。而李约瑟这个名字（倒主要不是他的研究及成就本身），在我后来的研究中具有特殊的意义。

从事学术研究，长期保持研究热情不外乎来自两种激励：一是横向里不断开拓相关研究的更广疆域；二是纵向里深入到所研究问题的历史关联之中。面对中国将成为人类社会发展史上一个经历过由盛至衰，并正在经历由衰至盛这种长期历史起伏的唯一大国，作为长期观察中国改革开放发展的经济学家，最终一定会走到这一步，试图从中国经历的失败教训和成功经验中，提炼出抽象的理论，揭示出一般的意义，即党的十九大报告中所说“中国智慧”和“中国方案”。而意欲从事这样的工作，既不能不对世界经济史产生

2018年以工作人员身份参加党的十九大

兴趣，也无法回避对“李约瑟之谜”的学术回应。

一 填平理论与历史的鸿沟

西谚说：罗马不是一天建成的。但是，在西方的经济增长学者看来，罗马就是一天建成的，他们甚至认为罗马从来就存在。以索洛为代表性人物的新古典增长理论长期以来只承认一种经济增长类型，并且从不区分发展阶段。这个唯一的经济增长类型或阶段，就是所谓新古典增长或索洛式增长。

在这个以索洛为代表的新古典增长理论中，值得关注的增长源泉包括与储蓄率相关的资本积累，以及技术进步和其他效率改善带来的全要素生产率，因为劳动力供给受到人口增长的限制，所以资本报酬递减现象必然发生。该理论模型强调全要素生产率，承认经济赶超或趋同的可能性，因而具有重要的意义。西方主流经济学家无论宣示与否，在谈到增长问题时，根本上是奉之为圭臬的。

然而，我在观察中国经济发展和阅读经济史文献的过程中，特别是在尝试找到理解经济发展线索的一般性框架时，发现索洛理论既不适用于解释以典型贫困陷阱为特征的传统经济，也无法解释具有二元经济特征的后起经济体和当代发展中国家。因而，对于解答经济史意义上的国家兴衰之谜，或者为发展中国家努力赶超发达国家提供政策建议，该理论颇显力有不逮和捉襟见肘。

人类的经济发展经历了漫长的历史，其中绝大多数时间则是挣扎在马尔萨斯式的贫困陷阱中。增长经济学家查尔斯·琼斯（Charles Jones）曾经做过这样的比喻：设想人类迄今为止100万年的历史，是沿着一个长度为100码（1码=0.9144米）的标准橄榄球场地，从起点到终点走过来的，在99码之处即1万年之前，人类才创造了农业，与单纯靠渔猎、采集为生的原始生产方式相揖别；罗马帝国的鼎盛时期距离终点仅为7英寸（1英寸=2.54厘米）而我们熟知的划分马尔萨斯时代与工业化时代的工业革命，一经发生，距球场的终点已经不足1英寸了。

而工业革命导致世界经济“大分流”之后，在以英国为代表的西方国家进入现代经济增长阶段的同时，更有大量国家仍然在马尔萨斯陷阱中挣扎，而且，无论是否最终摆脱这个贫困陷阱，都典型或不典型地经历过，或者仍然处于刘易斯描述的具有劳动力无限供给特征的二元经济发展阶段。

可见，任何假说或模型，如果不能解释马尔萨斯时代和刘易斯时代，就算不上是一个完整的经济增长理论，至少不能以放之四海而皆准的信条，来解释发展中国家的现象，更不能以此为圭臬，对这些国家的发展过程评头论足。无论是被用来解释中国改革开放发展的钱纳里信条，还是批评中国模式的克鲁格曼-扬诅咒，皆失算于此。

或许，像被当作老古董的传统经济学家那样，对人类经济史进行阶段划分，是完成这项理论壮举的必要步骤。我们熟知的如罗斯托划分经济发展阶段（传统社会、为起飞创造前提的阶段、起飞阶段、成熟阶段、大众消费阶段以及追求生活质量阶段）的传统，其实并没有消失，而是为一系列冠以特征化事实名称的说法替代。

可以信手拈来的例子有库兹涅茨“现代经济增长特征”“帕兰特-普雷斯科特发展事实”“卡尔多事实”及琼斯和罗默“新卡尔多事实”等。这些概括也恰好说明，划分经济发展阶段为人们概括特征化事实提供了便利，因而是抽象更加一般理论的一个必要步骤。

在这个问题上，我一方面深入进行实证研究，尝试用中国经验证明新古典增长理论的这些缺陷，另一方面苦思冥想，希望能够在理论上打破传统分析框架的禁锢。虽说不奢望找到一个如霍金所说的“万物理论（the theory of everything）”，但我一直期冀找到一个分析框架，它能够拆除相互联系着的经济发展过程之间的认识樊篱，填平理论与历史及现实之间的鸿沟。这时，两个重要文献进入我的视野，并且对我的研究提供了巨大的帮助。

在21世纪初，诺贝尔经济学奖获得者普雷斯科特等发表文章，尝试把马尔萨斯贫困陷阱作为索洛新古典增长理论之前的一个发展阶段，纳入同一个理论模型之中。同时，普雷斯科特在另一篇文章中也隐隐约约地感觉到，在马尔萨斯到索洛之间应该存在一个过渡的增长阶段，其核心是消除阻碍劳动力流动的障碍。假如作者深究下去的话，我认为他们会得出结论——这个过渡阶段就应该是以刘易斯命名的二元经济发展。

青木昌彦则根据东亚经济发展的经验，概括出了五种经济发展阶段或形态，分别为M阶段即马尔萨斯贫困陷阱、G阶段即政府主导发展的阶段、K阶段即库兹涅茨阶段、H阶段即基于人力资本的发展阶段，以及PD阶段即后人口转变阶段。其中，库兹涅茨阶段（K阶段）是一个过渡性的阶段，以强调其产业结构变化的特点。如果从劳动力重新配置角度看，这个阶段也可以叫作刘易斯阶段（L阶段）。

为了全貌地描述人类已经经历的经济增长史以及正在经历的经济增长，我遵循上述作者的思路，同时又强调自己在研究中发现的重要阶段特征，尝试将时间上继起和空间上并存的经济增长，划分为四个类型或阶段，分别为马尔萨斯贫困陷阱（M类型增长）、刘易斯二元经济发展（L类型增长）、刘易斯转折点（T类型增长）和索洛新古典增长（S类型增长）。

其中，L类型增长是从中国经济自2004年开始所经历的发展阶段概括出来的，恰是我一直以来所研究的对象。如果为其确定一个时间区段的话，应该起始于刘易斯第一个转折点，结束于刘易斯第二个转折点。

研究经济史和阅读发展经济学文献，让我始终觉得，在对经济发展阶段或形态做出上述划分之后，仍然存在一个缺失的环节，导致分析中可能出现链条的断裂。通过梳理经济增长理论和经济史文献，总结一些经济史研究的经验发现，我论证道，各国经济史上都经历过积累起了大规模农业剩余劳动力，从而形成二元经济结构的过程。

事实上，以往不少研究者（虽然并非全是经济学家）或明或隐地描述过这样一个发展形态。克利福德·格尔茨（Clifford Geertz）在分析印度尼西亚农业时，最先使用“内卷化”这个概念，因此我称之为“格尔茨内卷化”经济发展阶段（G类型增长）。至此，从人类历史这五个经济发展阶段或形态出发，可以把东西方各国的长期经济发展做出统一和典型的概括，因而使经济增长类型和阶段的划分在逻辑上更为完整，在经验上更加丰富。

严格地说，我并没有以规范的数理形式将其构造成一个理论模型。不过，有几个原因足以使我敝帚自珍。第一，按照赫希曼的说法，以散文形式同样可以像用数学那样构建经济学模型。第二，自感五个经济发展阶段或形态的划分，在理论逻辑上是讲得通的，而且符合经济史的逻辑。第三，这个框架有助于我认识长期的经济发展过程，找到与现实经验相对应的理论解释，以及可以检验理论模型的实际经验。第四，把中国长期经济发展的历史和现实放进去，全然无须削足适履。

二 为中国经济发展定位

对经济发展阶段或形态做出这样的一般性划分，实际上为我提供了一个认识框架，不仅是为了更好地把握中国长期经济发展的来龙去脉，更是为了准确理解改革开放时期高速增长的传统源泉，认识人口红利消失后可持续增长的新源泉，以及诸如此类的现实问题。一旦有了这几种经济发展形态的划分，也便提出一系列研究课题，让人不由自主地去填补与每个不同形态相对应的关于中国经济增长的知识缺口，回答经济发展学说史和经济史上著名的谜题。

李约瑟之谜就是这样一个令人痴迷的未解命题。对于终身以研究为职业的人来说，“痴迷”未必意味着废寝忘食，也不是“为伊消得人憔悴”，而是在工作和生活中，无论是写作、阅读、观察社会还是了解科技发展，甚至在漫步博物馆欣赏艺术和文物，以及游览历史遗迹时，总是不自觉地把所见、所闻和所思，与这个问题关联起来。

我是个艺术爱好者和美术馆迷。我总是不由自主地把中西美术发展史与中西科技发展史对应起来思考。例如，在欣赏几百年前中西方经典绘画时，人们自然会发现两者的诸多不同。从审美的角度，完全可以说各有千秋，然而至少有两个差异是科技发展水平的反映。

其一，无论从个体上的人与物，还是从画面整体格局来看，中国画表现不出透视感和空间感。虽然相对于西画的焦点透视，我们尽可美其名曰散点透视，但是说穿了是因为中国古代画家始终没有掌握透视原理。而后者的发现则具有标志性的意义。英国经济学家约翰·希克斯（John R. Hicks）指出："透视法在15世纪佛罗伦萨和威尼斯的绘画中曾经引起过革命，如果要探究透视法最初是如何传入的，最好从商业上去寻求解释。"

其二，就画人物来说，西画的确经历了从画得不像到画得越来越像的演进历程。有一年我在布鲁塞尔访问，临去机场之前有一个小时的空当，遂决定到比利时皇家美术馆走马观花。其间我问美术馆的专家，为什么早期绘画中幼年耶稣身体画得都不成比例，并且给出我的两个假说求证：一是当时的画家不懂解剖学；二是有意把耶稣的头和身子按成年人比例画，以示对他的神化。专家的回答竟是："作为假说，两者都是成立的。"至于说到传统中国画，虽历来声称重神似轻形似，但根本上却是由于解剖学、光学等实验科学发展不足，致使中国画从未真正达到画得像的水平。

由于自己毕竟不是搞历史的，在经济史问题上也是门外汉，我对于李约瑟之谜迟迟不敢置喙。最终是两个想法促使我将自己的思考写出来，并拿出去发表。第一，回答这个谜题，是认识中国经济现实的背景知识和历史参照，对我的研究来说是一种必要性。第二，李约瑟之谜这个命题本来就不专属哪个学科领域，完全没有必要自我限定，画地为牢。记得林毅夫说，他之所以写作《李约瑟之谜、韦伯疑问和中国的衰落》一文，是因为受到自己的导师舒尔茨的鼓励：凡有想法，就要尽快将其写出来。

李约瑟和韦伯提出的命题大体上是一样的。李约瑟的全部学术生涯都投入在中国科技史上，他用大量的资料证明，自公元前3世纪直到15世纪，中国的科学发明和发现远远超过同时代的欧洲，居于世界领先水平，而那以后则被西方所赶超。这个转折大体上与彭慕兰提出的所谓大分流在时间上是吻合的。为什么会发生这样一个逆转，就构成了让研究者孜孜不倦探寻答案的李约瑟之谜。我也将其看作彭慕兰提出的大分流之谜的中国版本。

韦伯提出的命题是：为什么中国未能以及不能产生资本主义，或者为什么资本主义没有诞生于中国。可以说，李约瑟之谜或者大分流之谜所需要的答案，大体可以回应韦伯疑问。类似地，韦伯疑问也可以被看作包括经济学家在内的各领域知识分子，旷日持久地探寻国家兴衰之谜各种命题的中国版本。

从经济史研究的角度，我把长期流行的“高水平均衡陷阱”假说作为讨论问题的起点。在伊懋可等代表性作者看来，只有大规模采用资本密集型或劳动节约型的技术，才能形成摆脱马尔萨斯陷阱所必需的技术变迁。历史上的中国，因紧张的人地关系，虽然经济发展水平相对领先，比西欧的低水平均衡陷阱有较高的生活水平，但终究不具备诱致出此类技术变迁的条件，错过工业革命的机遇。

其实，经济理论和发展经验都足以证明，这个假说并不能成立。各学科的文献都表明，在其他条件不变的情况下，众多的人口反而是创新的源泉，而且从古至今皆如此。这方面的研究者包括《枪炮、病菌与钢铁》的作者、演化生物学家贾雷德·戴蒙德（Jared Diamond）、经济史学家琼斯和迈克尔·克莱默（Michael Kremer），以及经济学家林毅夫，等等。

在排除这种流行观点之后，我认为，从马尔萨斯陷阱的概念看，高水平均衡也好，低水平均衡也好，本质上都没有超脱贫困陷阱的内涵规定。而且，如果从跨越工业革命门槛的角度看问题，具有高水平均衡特征的社会毕竟走得离工业革命的门槛更近一些，所以就比低水平均衡社会处于更加有利的地位。

不同学科的学者不约而同地指出，中国特有的科举制度在历史上对创新起着束缚的作用。这个判断虽然无疑是正确的，但该观点所内含的逻辑和证据却并不足以解答李约瑟之谜。换言之，该假说主要是回答有关人力资本积累障碍的问题，而不能回答物质资本积累不足的问题。更何况，这个论断本身就套着一个需要回答的问题，即为什么在中国古代会产生科举制，而在西方国家却没有。

在一个典型的前工业革命社会，马尔萨斯式的贫困恶性循环，或者说人均收入周而复始地回到生存水平，是经济发展的常态。但是，一旦实现工业革命的哪怕是具有偶然性的机会出现时，物质资本、人力资本和技术进步是否积累到一个抓住机遇的最低要求水平，决定了能否在一国形成工业革命的突破。因此，我尝试以极其宏观和大跨度的视角，来观察工业革命社会中西方在物质资本和人力资本积累方面的差异，以提供关于李约瑟之谜的合理解释。

在一个徘徊在生存水平的经济体中，千千万万个农业经济家庭，甚至手工业家庭的规模都十分狭小且大同小异，不可能形成打破低水平均衡陷阱所要求的临界最小努力。所有这些，终究不过是维持或高或低的生存水平，因而也只是构成或高或低均衡陷阱的生产方式。因此，比家庭更高层次的经济体系，如领主经济、村落经济乃至国家的职能是否有利于资本积累和技术进步，是产生不同经济发展结果的关键。而恰恰在这个层次上，西方与中国有着巨大的分野。

在纯粹文献的意义上，历史学家通常认为西方封建制是典型的，而中国的封建制是非典型的。关于这种说法的一个重要表征在于，从中世纪开始，在西欧形成了比家庭规模更大的经济共同体。在西方封建制度形成和发展的过程中，君主把土地分封给家族成员、战争功臣和贵族，形成所谓的“分土而治”的封建制度。

这种以土地为核心的财产与军事服务之间的互惠，或隐或明地以契约的形式一经确定下来，获得分封土地等资源的领主的财产权也具有同样的合法性，据此实现的经济增长和资源增值也得到产权的保障。因此，领主是一个接近经济活动并从中直接获益的阶层，可获得促进领地经济繁荣的稳定激励。尼尔·弗格森认为，欧洲历史上成百上千政治单位或自治体之间及其内部数量更多的公司、同业工会和层级之间的竞争，为经济发展提供了竞争动力。其实，更重要的是这些自治体形成具有规模经济、产权清晰和收益内部化的特质。

在古代中国，中央政府除了在必要的基础设施建设中，如修筑防御性的长城和大型水利设施时，需要动员全国力量，组织经济活动之外，并不直接介入一般的生产活动。而地方政府作为中央政府的派出机构，只对中央政府负责，并且与地方经济没有直接的利益关系。经济发展只是一家一户的分散经济活动的叠加而已。虽然这种典型的小农经济具有较大的弹性和活力，许多制度形式如土地自由买卖等也有利于促进经济活动，但是缺少一个直接利益相关且具有规模经济的中间层次来组织和激励技术创新，妨碍了物质资本的积累，从而阻碍了可以达到革命性突破的技术进步。

更重要的是，由于皇朝与地方官员及士绅之间并不是典型的契约关系，而是威权式的层级关系，皇朝统治的合法性并不建立在与地方官员和贵族的互惠基础上。因此，建立一种封建意识形态和礼仪规则，辅之以君权神授的威权及中央军事实力，是合法性的根本和唯一保障。这样，克己复礼的儒家思想就成为主流意识形态，继西汉董仲舒“罢黜百家，独尊儒术”之后，在隋唐时期形成以阐释统治阶级意识形态和效忠为唯一内容的科举制度，并延续一千多年之久，也就顺理成章了。

在这种精英选拔体制下，科学技术、工艺技能成为奇技淫巧，耻与人言。因此，科举制度把有利于科技创新的人力资本积累道路牢牢地堵死了。固然，作为一个泱泱大国，热心于科学探索的官员或士绅，甚至普通工匠也大有人在，对人类文明积累做出了诸多贡献。但是，知识分子的主流激励不在于此，直接知识的创造就是随机性的，间接知识的积累就是间断性的，不足以积累到科技革命的临界水平，自然也就不能在适当的时机激发出工业革命。

在世界各地都深陷马尔萨斯贫困陷阱的时候，中国较早并且或许常常处在高水平均衡之中。而当欧洲通过从低水平陷阱到高水平陷阱的提升，进而逐渐为工业革命积累了必要的物质资本和人力资本，直至在各种机缘巧合下催生了工业革命的时候，中国反而错过了摆脱马尔萨斯陷阱的机会，既没有成为工业革命的故乡，也没有及时搭上工业革命的顺风车。

三 雁阵模型：国内版到国际版

正如需要在更宽的作业面操作，才能把一个坑挖掘得更深一样，若想获得对中国经济发展的更深刻见解，研究者不仅需要从更加纵深的方向入手——关注经济史，还需要从更加广阔的视野着眼——了解与中国经济紧密相关的世界经济。对我来说，把视野拓展到全球经济领域，是由研究问题的直接需要引领的：一是梳理中国经济对外开放的逻辑；二是反思他国的成功经验和失败教训。

早在国家实施西部开发战略和东北振兴战略时，我就开始对地区差距问题产生了浓厚的兴趣。我与同事合作，借鉴条件趋同的分析框架，利用面板数据进行了一系列增长回归分析。这个分析思路，影响了当时国内区域研究的走向，而自己的研究结果，让我对于在中西部实施大规模和倾斜式投资的可能效果心存疑惑，甚至担心在中西部地区复制传统发展战略，东北地区由此获得了传统体制的苟活机会。同时我也认为，在实体经济尚未被激活之前，过于超前的基础设施投资在经济上是不合算的。

事后看来，我当时的想法不乏学究气，显然并未完全领会到，加强中央政府财力和资源再分配力度，通过转移支付和倾斜式投资遏止区域不平衡，不仅是一种经济行为，更是政治上的必需之举。在一次交谈中，时任全国人大常委会副委员长华建敏建议我去参观陈云纪念馆，说那里的展板上有一句话可以增强我对这个问题的理解。

大概是两年后，我终于有机会到位于上海青浦区的陈云故居，仔细观展并寻找答案——华建敏同志究竟要我学习哪句话？最终我相信是陈云这句著名的论述："中央的政治权威，要有中央的经济权威作基础。没有中央的经济权威，中央的政治权威是不巩固的。"也就是说，中央承担更大的财政支出责任，有能力进行转移支付以平衡地方财力，至少在很大程度上，仍然被看作中央领导经济工作权威的经济基础。

好在，总的来说我当时对于区域发展战略采取了正面阐述的方式，提出建议而不是进行批评。那个时候发表的文章，主要是利用计量研究结果，建议在中西部和东北地区创造更接近于沿海地区的体制环境，以及促进生产要素的充分流动。事后来看，有些担心变成了事实。虽然从整个东部、中部和西部地区格局来看，已经显现一定的趋同势头，然而，在中央区域发展战略重点支持的地区内部，却产生了省份之间分流的态势。

在有些省份，投资驱动的确使旧体制得以延续，在全国高速增长时期过后，特别是不再实施像应对世界金融危机那样强度的刺激政策的情况下，经济增长出现断崖式下跌。最典型的是东北和中部的一些资源依赖型地区。与此同时，也有的省份得益于基础设施的明显改进，在沿海地区劳动力成本提高的情况下，接续了劳动密集型产业，经济增长反而后来居上。这特别体现在一些人口众多、劳动力丰富、之前工业化基础相对薄弱的省份。

后一种情形揭示了一个中国特色的产业转移模式。作为劳动经济学家，又最早得出刘易斯转折点到来的判断，我自然要关心并思考中国劳动密集型制造业何去何从的问题。曾有一段时间，很多研究者和媒体渲染，制造业企业正在迅速向周边劳动力成本低廉的国家转移，令我既担心又有几分不信服。我的感觉最初是直觉式的：中国如此大规模的低成本劳动力，以及由此形成的世界级制造业中心的地位，如何能够在短时间里被替代？

或许是看到中国人口红利消失的趋势，当年创造了金砖国家概念的高盛公司，相继又创造出若干反映国家类型的概念，如“灵猫六国”和“新钻11国”等，意在识别出具有潜在人口红利从而具有投资和增长潜力的目的地。我从劳动年龄人口总量和教育水平（从而潜在的劳动力供给和技能水平）的角度，把诸如此类的国家与中国做了比较，发现这些国家作为整体，短期内不具备取代中国成为世界工厂的能力。

这时，我想起发展经济学中一度流行的“雁阵模型”。20世纪30年代，从欧美游学归来的赤松在名古屋大学开始自己的研究生涯不久，便提出了后来才广为人知的雁阵理论（日本叫“雁行形态论”，英文写作flying geese paradigm)。这个理论模型起初只是用来描述日本作为一个后起经济体，如何借助动态比较优势的变化，完成一个“进口—进口替代—出口”的完整赶超过程。

这个理论形成过程中的艰辛自然不在话下（据说他为了分析海量数据而购买了日本的第一台进口计算机），其流行过程也并非一帆风顺。虽然在20世纪30年代赤松已经出版了著作，但是，以雁阵理论命名的文献是在40年代、50年代才陆续以日文出版，而能够使该理论成为国际话题的英文文章，则迟至60年代才发表。

而且，纯粹是靠了一位贵人的强力推介，才使该理论在东亚地区乃至全世界获得了巨大的影响。此人叫大来佐武郎，既是日本一个不可忽视的经济学家，也是曾经身居要职的政治家（1980年任日本外相）。正是这种双重身份，使其慧眼识珠并荐宝于世。正如赤松的学生，也是雁阵理论的著名传人小岛清指出的那样，主要是由于大来佐武郎的特殊身份和巨大影响力，该理论在亚太地区才渐为人识。

之后，由于小岛清等经济学家的贡献，该理论逐步流行，被一些人用来解释和理解东亚经济的发展模式和动态以及各经济体间的关联方式，即以日本为领头雁，按照比较优势的动态变化，劳动密集型产业依次向“亚洲四小龙”、东盟国家以及随后的中国沿海省份转移，整个地区的经济发展和赶超相应得到推动。

如果机械地理解雁阵模型，人们会预期中国的制造业很快向外转移。我注意到，之所以在东亚国家（地区）之间形成雁阵式的产业转移，是因为各经济体之间存在着异质性，特别是由初始条件和发展阶段不同所造成的资源禀赋差异。中国大陆与每一个东亚经济体的不同之处，同时也是与它们各自之间关系的相似之处，国内各个地区之间具有巨大的异质性。我将这种独特因素称为“大国效应”。

由此，我预期雁阵模型会先在国内的各地区之间形成，然后再延伸到国际范围的经济体之间。后来我借用了日本经济学家关志雄的表述，把雁阵模型区分为国内版和国际版，认为只有当前者的潜力充分挖掘及至耗尽时，后者才会相应接续。我分别同曲玥、张晓波等一起合作进行了经验研究，发现雁阵模型的国内版的确存在，而且开始逐渐形成。

至于雁阵模型的国际版将如何形成，一直以来我的猜想是，它将在与该模型国内版的此消彼长中逐步实现。其实，这种消长模式只是一种被动的途径，还有一种更加积极主动的途径，只是在习近平主席提出“一带一路”倡议并且如火如荼地展开“一带一路”建设后，自己才顿开茅塞。

在过去的40年里，中国不仅创造了改革开放促进发展和分享的奇迹，也在创造趋同条件促进区域协调发展方面探索出有益经验，这都值得概括为党的十九大所说的中国智慧和中国方案。虽然正如我们从不照搬任何一种现成模式一样，我们也不要求其他国家复制我们的模式，但是将这两类经验总结、提炼和升华，无疑可以为解决人类发展问题提供一种可选择的方案。

把中国故事抽象为中国智慧，要求我们构造一个更有一般意义的经济学模型，并在此基础上制作中国方案，即把理论模型具体化为战略思路和行动纲领。无论实际中是否如此，在理论上，作为这最后一步的“一带一路”倡议，完全可以这样被推导出来。

观察与思考雁阵模型国内版和国际版的区分即关系，要求我把视野转向全球范围。与此同时，我在分管中国社会科学院的智库建设工作中，也要经常与从事国际问题研究的智库专家进行沟通。虽然我并不奢望自己成为国际问题专家，但形成一个能够把认识中国问题和全球问题贯通的分析框架，对于我的研究与交流也是大有助益的。

针对国际问题专家热衷于讨论关于美中对抗必然性的“修昔底德陷阱”，以及关于全球公共品供给的“金德伯格陷阱”，我撰文指出，各国特别是相关大国更应该关注一个关于如何解决全球贫困问题的命题——“伊斯特利悲剧”，并借此讨论了全球公共品及其提供方式和中国方案等问题。特别是随着中国日益走近世界舞台的中心，构建人类命运共同体对于中国来说，必然意味着对人类做出更大的贡献。

从中国“一带一路”倡议中所体现的理念和包含的内容看，该倡议无疑也是实现雁阵式产业转移模式的国内版与国际版相衔接（官方说法是内外联动）的战略构想和行动方案。并且，由于沿线国家及相关国家大多数为发展中国家，这一建设举措也将成为用中国智慧、中国方案帮助发展中国家摆脱贫困的重要载体和途径。

每个国家最终摆脱贫困、走向现代化，终究需要立足于国情，依靠自身的决心和努力，消除在发展动力和制度环境上的各种障碍。如果说外部人能够做什么有意义的事情（无论是否称其为国际公共品）的话，那无疑就是提供有益的知识和有形的投入，包括曾经在特定环境下获得成功的经验和需要汲取的教训、软件和硬件基础设施建设上的必要帮助，以及容易入手和见效的市场投资机会。

对于一个中国经济学家来说，清醒认识经济全球化走向，密切跟踪“一带一路”建设动态，提升把中国经济发展与全球摆脱贫困密切联系在一起的本领，无疑有助于从中国经验中提炼中国智慧，以此为复兴发展经济学做出贡献。

四　如何借鉴“他山之石”

斯蒂格利茨把经济发展看作一个学习的过程，发展绩效则是学习效果的反映。由此推论，发展的差异产生于知识的差距，因而，发展水平的趋同归根结底也在于知识差距的缩小。中国的改革开放以及创造的增长奇迹，无疑应当在很大的程度上归结为学习强度的增大和学习范围的扩大。因此，仅仅用传统的“双缺口模型”不足以解释大规模引进外商直接投资的作用和动机。通过引进外资学习技术、管理和资源配置方式，其意义丝毫不小于单纯填补资金缺口。

说到中国的经济学家这个群体，在整个改革开放过程中既是热心的学习者，也是积极的学习推动者。吸引中国经济学家注意力的主要有三个方面的学习内容，即在西方背景下发展成熟的现代经济学、先行国家的经济发展经验，以及其他进行过改革，或者正在经历经济转型的国家的经验教训。顺应学习借鉴的需要，大量经济学文献被翻译引进。例如，科尔内《短缺经济学》在20世纪80年代就曾广为流行，一时产生“洛阳纸贵”的效应，软预算约束等名词也成为耳熟能详的话语。

如果说在改革早期，人们着眼于从这些舶来品中借鉴名词和用语，找寻文献分析对象与中国经济现实之间的共同点和相似度，那么随着留学归国人数的增多、高校课程设置和教授评价导向的变化，以及中国经济引起世界范围的高度关注，学者们开始接受西方经济学的研究方法，以英文匿名评审期刊为第一甚至唯一目标的研究取向也日益明显。

与此同时，我自己也越来越确信一点，如果一个人真正立足于经济现实，以解决实际问题为导向，便会发现，没有一种现成的理论模型可以无偏地解释中国现象，也没有哪种被证明成功过的发展经验可以直接套用在中国实践上，更找不到外来的药方可以拿到中国来包治百病。

当然，这种认识并非妄自尊大，也非坐井观天，而是伴随着研究的深入和中国道路的成功而得出并逐渐深化的。下面，根据发展经济学的演进历程，同时结合我本人的认识形成过程，按照曾经关注问题的内容和逻辑顺序（这样就为不可避免的挂一漏万提供了借口），来看一看我认为中国经济学家应该如何扬弃迄今积累起的经济学知识存量。

首先，中国在改革开放时期经历的一个重要结构变化，是剩余劳动力的重新配置，因此，对于中国经济的高速增长来说，主导着国际经济学界的新古典增长理论，解释力远不如二元经济发展理论。当我们如饥似渴地寻求一种理论框架来分析中国现实发展过程时，刘易斯的理论的确具有借鉴作用。虽然这种理论并没有涉及国有企业冗员问题，但是与之相关的城市二元劳动力市场理论，也可以为此提供一些有益的洞见。

诚然，从计划经济向市场经济转轨，可以从新古典经济学那里借鉴一些关于市场的知识，但是，在这个分析框架内把中国与西方国家进行比照，容易产生套用现成模式的倾向。而二元经济理论则使人们更重视中国特殊的国情，认识自身的改革任务和发展路径。当然，由于刘易斯的理论很久以来便遭到主流经济学的批评和漠视，后续发展不足，也并不能充分解释中国现象，需要从中国经验出发予以丰富和发展。

其次，中国在改革开放时期以享有人口红利为特征，因而具有类似人口转变特点的东亚经济体，常常成为对我们具有启发意义的参照系。特别是日本、韩国和中国台湾，都经历过农业剩余劳动力转移的过程，都曾经拥有劳动密集型制造业的比较优势，一度遭遇过美国贸易保护主义的打压。因为具有诸多共同点和相似处，而且这些经济体在很多方面先走了一步，所以其发展经验乃至教训值得关注。

更有意义的比较在于，如上提及的三个经济体几乎是发展经济学文献中仅见的例子，与中国大陆一样，先后都经历过刘易斯转折点。不过，或许是由于每个经济体具有不尽相同的发展特点，研究这些经济体刘易斯转折点的文献，无一例外遗漏了第一个转折点，而把研究的重点放在第二个转折点上面。我一直在思考，究竟是前人真的忽略了第一个刘易斯转折点，还是由于中国未富先老的特征，使得这个转折点在中国的表现格外突出。

我的体会是，一个人只有从事不同经济体之间的比较研究，才能领会这种研究体裁的意义所在。也就是说，希望把后来者的发展历程与先行者走过的轨迹一一对应起来，是一种天真的想法，不仅事实上做不到，而且贬低了比较研究的价值。慢慢体会到这一点，便可以掌握研究的主动权，通过以我为主的比较原则，把中国国情凸显出来。

例如，林毅夫在把中国经济与日本经济进行比较时，以人均GDP相对于美国的水平作为基准，得出21世纪第一个十年的中国发展阶段仅相当于日本在20世纪50年代初的水平，从而引申出中国高速增长时期没有结束，减速的原因在于需求侧的判断。而我把人口转变因素考虑进去，就可以得出中国的这个发展阶段，更应该与日本20世纪90年代（也恰好是减速的开始时期）相对应。

再进一步，把中国的刘易斯转折点与日本和韩国进行比较，发现三个国家在劳动力转移的进程上并不能与转折点严格对应。这激励了我在三个方面的深入研究：第一，质疑了官方发布的农业劳动力数据，进行了重新估算，得出自认为更接近产业结构变化实际的数字；第二，发现并确认，未富先老的特征赋予中国的发展过程诸多特殊表现；第三，进一步考察了户籍制度等因素对于劳动力转移的影响。

最后，正如各个国家的经济发展必然会表现出差异性一样，或者说，不仅不幸的家庭各有各的不幸，幸福的家庭也各有幸福的缘由，先行国家为后起国家提供的借鉴价值，不尽然全在于成功的经验（更不能保证可以复制成功），失败的教训或许更加弥足珍贵。世界上两个具有重大影响力的经济大国——日本和美国，分别以失败的教训给我的研究以启发。

20世纪90年代初，日本长期享有的人口红利开始消失，导致其经济潜在增长率显著下降。从当时直至今日，日本朝野上下（这里指决策者和经济学家）纷纷从需求侧寻找原因，忽视了供给侧转换经济增长动力的必要性和紧迫性。招数迭出的刺激政策先是助长了经济泡沫，泡沫破裂后遭到重创，继而全要素生产率的改进乏善可陈，日本经济由此陷入“失去的三十年”。从这个视角重新解读日本，帮助我认识中国经济减速的原因在于供给侧，理解经济发展方式转变和增长动力转换的重要性。

与日本相比，美国经济似乎仍然充满活力，既不乏科技创新又积极拥抱全球化（直至特朗普上台）。然而，决策者、经济学家和政策游说人过分相信或渲染涓流效应，无视技术进步和全球化并不能自动解决分配问题的事实，导致劳动力市场两极化、收入差距扩大，从而中产阶级的萎缩，最终表现在政治上的极端化，以及政策上的民粹化和保护主义。这个教训也使我更加积极建言政府，通过基本公共服务的充分化和均等化，加大再分配力度。

柒

经济学研究内外

20世纪80年代中期我研究生毕业后到中国社会科学院农村发展研究所工作，一到研究室就得到一个包着塑料皮的小本子，用途是记载个人发表文章的题目、刊物、期号和字数等。其实在研究生院学习期间，我已经与同学合作在如今所谓的核心期刊上发表了几篇文章。那个时候期刊不像今天这么多，作者群体也相对狭窄，所以发表几篇文章就已经赢得小小的名气。而自从拿到那个小本子之后，便一发不可收拾地写了下去。

记得有一次在外开会，与中国社会科学院农村发展研究所的一位学者丁泽霁一起散步，他语重心长地对我说：坚持在一个窄小的领域进行深入研究，就可以成为真正的专家，每年在《经济研究》上发表一篇文章也不算难事。瞄准这个目标，我很快实现了在《经济研究》发表文章的突破，并从此成为该刊的经常性作者。值得自我夸耀的是，即使在从事科研管理和行政事务工作之后，也从未离开科研一线，坚持笔耕不辍。不过，有一点未能听从丁老师的教诲，那就是我没有局限在狭小的专业范围，而是在十分广泛的经济学领域漫步和驻足。

曾经读过韦伯在1919年为青年学生所做的题目为《以学术为业》的著名讲演稿。虽然颇有些拽文，但我理解他试图用情感与理智这对概念，阐述从事学术工作的动机和态度。前者强调热情与灵感，后者涉及理性化与职业化的要求。我在个人研究中也确实感悟到情感与理智的存在和必要。从事这份职业，我既不期待取得辉煌的成就，也没有像身处地狱入口处般的犹豫，自认为也完全不必“为伊消得人憔悴”，只是过一种乐在其中的生活。

一　学者、智囊和管理者

在职业生涯中，我以经济学研究为根基，同时进行学术研究，做好决策咨询和科研及行政管理工作。长期探索和实践的结果，最终证明三者之间是可以统一的，并无根本矛盾。经济学是经世济民的学问。至少在中国目前的发展阶段上，特别是研究资源来自财政预算，纯象牙塔式的研究往好里说也算奢侈。

从学说史来看，即便不提那些历久弥新的经典文献，任何有意义的研究，无一不是像诱致性技术变迁理论所显示的，由现实的经济问题激发而为。因此，无论是责任心还是使命感，都决定了真正投入到经济学研究中的中国学者，不可能对关乎国计民生的政策决策乃至关乎民族复兴的战略布局漠然视之。

此外，经济学研究乃至任何学科和领域的研究，都越来越是团队合作的结果。这并非仅表现在一篇文章或一本书是否合作完成，更是指集体和个人的研究成果，因相互补充、启发与激励而完成。并且，小到一个精心设计的课题及其整体框架，大到各种研究结果经互补和集成而形成的更一般化结论，分别是成熟理论体系形成的必要过程和组成要素。因此，科研管理的职责终会不可回避地落在一个研究“老兵”身上。

这些年来，坊间诸多人物被论坛举办者或媒体称作“官员型学者”或“学者型官员”。我本人反倒不常被人冠之以这类称号，长期以来荣膺的学者身份，并没有因行政职务加身而被拿掉。或许，这说明这种有“型”的称号，恰恰被用来形容打了折扣的学者，或者附庸风雅的官员。换个角度看，也同我自己能够良好处理几种身份有关。

2012年参加中国企业领袖年会

不妨说，我算得上是介入决策研究最多的，也是在行政管理工作中投入时间最多的学者之一。作为党政干部，或者就管理者身份而言，我在科研一线投入了很多的时间和精力，也自己动笔写作，从而发表了很多研究成果。

我党著名理论家、中国社会科学院老领导于光远同志于2013年去世，享年98岁。他一生著作等身可以由一件有趣的事情说明。早在1985年，他就出版了一本厚达532页的书，书名竟为《于光远著作目录》。我本人固然不能望其项背，但与同辈人相比还颇有信心，要说成果“目录”的话，也远不是当年那个塑料皮小本子所能容纳的。而且，我自己认同的科研成果，不是以课题负责人的身份署名或主编的出版物，而是自己动脑动手的产品。例如，2016年由英国一家学术地位很高的出版社——Edward Elgar Publishing——出版的专著《中国经济前景》，乃是自己用英文写作的。

凯恩斯说：实践者自称不受任何学理的影响，其实他们终究是某个已故经济学家的思想俘虏。这句话一如既往地讲得有些尖刻，然而，就经济研究成果对决策者和行动者具有意想不到的影响这一点，他却说对了。他自己的影响无疑是最好的证明。且不说凯恩斯主义在经济学中占主流地位的时代，也不说他对于战后布雷顿森林体系形成的巨大贡献，只需看一个似乎不算其经济学成就的事例。

作为英国财政部的代表，凯恩斯参加了1919年的巴黎和会。在那里，他惊讶地发现战胜国巨头们一心只想复仇和掠夺。他预测道，施加于德国的难以承受的巨额战争赔款，终究会造成这个国家的经济崩溃、失业、饥饿和极端政治家冒头，复仇的情绪绝不会停息，下一次灾难性的大战必然来临。希特勒的崛起、灾难深重的第二次世界大战和惨绝人寰的种族屠杀，都显示出凯恩斯的先见之明。

不过，这个故事还有一个有趣的尾声，在凯恩斯去世后的65年里，仍在印证他这个不情愿的预测的惊人准确性。几年前我在报纸上读到，对于巴黎和会施加的“一战”赔款，德国一直不间断地承担着还债责任，直至2011年才全部偿清。

扯远了。我想说的是，要说发挥智库功能，实际上效果最突出的反而是我的一些学术研究成果。做出中国经济到达刘易斯转折点，以及人口红利消失等判断，固然遭到批评和反驳，但恰恰说明大家对此话题予以了关注，毕竟创造出了“满街争说蔡中郎”的效果。倒不是我在乎出名，而是说哪怕是一边倒的争论，只要范围足够广泛，都有引人思考甚至未雨绸缪的效果。

参加“两会”审议

某一年开全国“两会”期间，傍晚时我的房门被一位不速之客敲开，来人自称红豆集团董事长周海江。我知道这是位著名的民营企业家。他说是来江苏代表团驻地看望领导，从名单上看到我在该团，遂登门拜访请教，并赠送一件该企业生产的衬衣，宣称他把刘易斯转折点的概念转化为企业战略，并由此挣到了钱。

充当决策智囊还有更直接的方式，如参加中央文件的起草工作，担任国家五年规划专家委员会成员、部门和地方的专家委员会成员，等等。最正式且最直接的履职方式，则是自2008年第十一届全国人民代表大会开始，连续三届担任全国人大代表、全国人大常委会委员和全国人大农业与农村委员会委员（副主任委员）。履行智库职能不仅持续不断地为研究提出新的课题，迫使自己把研究推到新的广度和深度，也增强一个学者对党和国家事业的参与感、使命感和责任感。

20世纪80年代中期毕业后到中国社会科学院农村发展研

究所工作，那时正是改革开放蓬勃推进，经济研究领域用人之际。所以我很快就开始受托组建自己的研究团队，1988年便评上副高级职称，担任了研究室负责人。1993年到中国社会科学院人口研究所担任副所长，开始寻找自己在人口这个领域的定位。1998年担任所长之后，发动全所一起讨论人口研究何去何从的方向性问题，最终在求同存异的基础上，于21世纪初把研究所的领域从单纯的人口研究扩展为人口与劳动经济研究。

从那时开始，我和同事们一道，在中国劳动就业方面，打造了国内外影响力最大的研究所，形成了生产率最高的研究团队，创建了第一本劳动经济学杂志。与此同时，我们也在一系列重大政策制定方面，如在发展战略中确立就业优先原则、生育政策调整、应对刘易斯转折点到来以及人口红利消失等，发挥了重要的作用。

在不到十年的时间里，情况便发生了根本变化，中国社会科学院对我所的官方评价转了个一百八十度的大弯，从此

2016年在欧盟宣讲“十三五”规划

前认为我们是少数几个学科优势不明显、发展后继乏力的研究所，到后来承认该所是少数几个、已经跨入国内国际知名研究所行列的研究所。

研究者发挥智库职能的难点，固然首先在供给侧，表现为研究成果质量不够高，针对性不够强；同时也在需求侧，表现为不少部门的管理者甚至决策者，既缺乏理解学术成果的教育背景，也缺乏理解经济社会发展和相关领域的前沿知识。干部学历越来越高，专业化水平却徘徊不前。记得有一年与欧盟就业总司联合开会，对方请了著名的劳动经济学家乔治·萨卡洛波罗斯（George Psacharopoulos），令我十分惊讶的是，欧盟工作人员对其专业文献竟十分熟稔，会上会下交谈甚欢。作为希望对政策有更多贡献的经济学家，我打心里羡慕不已。

虽然中国之大，政治站位、管理能力和业务能力全方位突出的干部不在少数，但问题在于，大事业和小事情的成败，往往受制于木桶中最短的那块木板。这种供求双方皆显示出的本领恐慌，导致学术研究和智库研究的评价机制偏离了方向，平庸之作满天飞，甚至炒作代替了扎实的研究。因此，智库发挥应有的作用，与国家治理能力和治理体系现代化的推进，必然是同步的。

二　行千里路和读万卷书

从事研究的一个工作常态就是频繁地出差。除了到各地

2004年访问古巴时与卡斯特罗会晤

基层调研，还要参加科研院所、大学、政府乃至投资界举办的学术研讨会或相关活动。其实，即使不离开北京，几乎每天都是在文山会海中度过：会见认识不认识的同行，出席相干或不相干的会议，发表情愿不情愿的言论。

由于中国经济影响力的提高，研究中国经济和人口等问题在国际学术界也逐渐占得举足轻重的地位，我每年都会收到大量参加学术会议、论坛和合作研究的邀请。在我的一些研究结论得到高度重视的那段时间里，几乎每天都会收到邀请信，受邀参加各种类型的活动，甚至有一次还收到法国某电影节的公众讲座邀请。所以每年我都会参加一些国际学术活动，在讲演内容上精挑细选，在数量上自我设限。

说到底，调查研究也好，参会访问也好，会见来访的客人也好，既是工作的组成部分，也是学习的机会，都印证了“三人行必有我师”和开卷有益这样的经验之谈。一个人无论多么用功，终究不能做到眼观六路、耳听八方，与不同学科的学者和各类职业人群交往、交谈，固然不应该出于什么实用主义的动机，但是，长期积累下来你会发现，受益良多。

2005年在江西调研时参观“邓小平小道”

我并不是一个外向型性格的人，一旦超出专业范围，我可谓不善言辞，比较木讷。好在内心里像乔布斯所说，对任何事物既自感愚笨，又充满了饥渴般的好奇心。所以，我愿意随时随地处于交谈、阅读、浏览、观察、欣赏的状态。这方面，确有一些类似于私人方法论的东西可以分享，即便算不上形成理论这样的学术经验之谈，但对青年学者或许稍有裨益。

斯基德尔斯基在其著名的《凯恩斯传》中，记录了凯恩斯这样形容自己思想的形成过程：“创造性的思想在一开始是脑子里的灰色、模糊和头绪纷乱的怪物。在思想发展的后期才能找到精确的语言来描述它。你能够精确有效地思考问题，但要用所谓‘照相’把你的思想记录下来则要花更长的时间。”

对此我有很强的感受。许多对现实经济问题的认识，最初的时候只是脑子里的一些抓不住，也表达不出来的感觉，着实来无影去无踪。如果一个人不愿意用力地思考，那些东西便会稍纵即逝。而努力去捕捉它们，又的确是费心费力，那种有劲使不上的感觉颇令人痛苦。然而，这就是做学问使人痴迷之处。韦伯在其著名的《以学术为业》一文中说，如果不能以科学家独特的迷狂和热情，去努力抓住这种机遇和灵感，则不能从事学术工作。

韦伯认为，热情、天赋和运气都是灵感的要素。但是，他也不否定，创意并不能取代工作。只有像凯恩斯所说的那样，直到记录下这种创意，使其不再是虚无缥缈的东西时，理论之光才在隧道的尽头隐约显现。因此，我们需要回答两个问题：第一，这种灵感或创意从何而来；第二，如何才能将其捕获，并变为潜在的理论素材。

灵感来的时机是不确定的。韦伯形容其可能在点燃一支雪茄或者在街头漫步之时不期而至。我曾经接受海德堡大学的邀请去做一个公共讲座。完成任务后我身心放松，又有一点富余的时间，便跨过古桥到北岸山上的“哲学家小道”去散步，漫步几个小时却没有得到灵感。或许是因为给歌德带来灵感的海德堡，并不是我欲追求的关于中国经济的领悟力的环境。然而，广泛涉猎加勤于思考，仍然会增加一个人灵感来临的概率。

首先，全面的知识结构和艺术素养帮助你的脑中闪现灵感。我在阅读专业文献之外极为广泛地阅读（广义阅读包括听、看、阅、读），包括浏览办得好的报刊，阅读已有好口碑的小说和历史书，尽我所能地参观各种博物馆和美术馆，看高品位的电影和电视剧，甚至收听中外广播，每年还要听

2007年参加党的十七大

几场音乐会。

但是，对于这些爱好，我绝非不加挑选、照单全收。我在上中学时学美术，记得拜访过一位军队学院派画家，当时我向他抱怨没有石膏像可以练习素描，他告诉我临摹是完全可以代替画石膏像的。但是，他强调一定要找到最好的、堪称经典的作品才可以作为摹本，二流的东西是绝不可以模仿的。

这些爱好已经成为我的生活习惯。虽然并非永远在工作状态，但是我永远不会让眼睛、嘴巴、耳朵和大脑闲下来。交替使用这些人体感受和表达器官是不会感到疲惫的。这些都潜移默化地有助于开启想象力，增进专业理解力，点燃创意的火花，并且一旦灵光乍现便去将其捕捉。

例如，读了福莱特小说《圣殿春秋》之后，我便能够对早期西欧领主建城堡和教堂的动机有所体会，并将其同西欧领地之间的竞争对经济发展的促进作用联系起来。又如，增长经济学家巴罗和萨拉伊马丁合写的著作常以达利的作品做封面，我就去大量观看达利的作品，研读其传记和画论，探索经济学家成为达利粉丝的原因。

我曾经为一次预定的讲座，专门准备了一个全部由古今名画组成的演讲幻灯片，说明关于经济学的问题大多可以与艺术相通，可以借鉴艺术的具象化特点，思考和讲解抽象的经济学问题，甚至借助抽象派艺术理解经济学的抽象方法。不过可惜的是，后来因有其他事情未能做成这个讲座，本来心里是暗暗希望能够检验一下效果的。

其次，培养适合自己又正确的思维方式。爱克曼在《歌德谈话录》中记载了一段对话，其中歌德讲到灵感产生与艺术表达之间的关系。歌德说："我把一些印象接收到内心里，而这些印象是感性的、生动的、迷人的、丰富多彩的，正如我的活跃的想象力所提供给我的那样。作为诗人，我所要做的事不过是用艺术的方式把这些印象融会贯通起来，加以润色，然后用生动的描绘把它们提供给听众或观众，使他们接受的印象和我自己原先所接受的相同。"这实际上就是凯恩斯所谓的照相记录，只不过歌德乐于以艺术的方式展现，而凯恩斯需要以严谨的理论逻辑进行表达。

在同一段对话中，歌德批评法国人不恰当地使用"构造"（composition）这个词，认为该词降低了诸如莫扎特这类大师的艺术作品价值。其实，讲英语的国家也同样地使用该词，同样指写作和作曲等创作，当作动词使用时也是如此。而歌德的批评是从其“机械构成”词义上有感而发的。或许对于注重艺术灵感的作家来说，把一个具有物理意义上“结构”含义的词语，与来自心灵的艺术创作相提并论，是不可接受的。然而，对于经济学来说，搭建起逻辑结构，即便不算创作的结束，至少也是过程中的必经阶段。

再次，阅读经典并且善于领会的话，你可以获得一种“借助大师”的表达方式。我们每一个专业人士，无论在自己的领域是否站得住脚，或者是否相当出色，绝大多数人终究成不了大师级的人物。平常人若想在自己工作（作品）的整体上或者某些方面，取得尽可能不同凡响的效果，“借助大师”就是一条途径。

英国《金融时报》周末版曾经不惜版面刊登过一篇小说《宰猪日》。作者大卫·扎莱（David Szalay）以第一人称写一个年轻人到农村体验一年一度的宰猪日，并不厌其烦地描述了整个“屠宰”过程（其实只是“庖丁解猪”的过程，因为按照欧盟的规定，屠宰是不能擅自执行的），以及与之相关的人和事。按照我这一代人受过的教育，总是要琢磨作者究竟打算表达怎样的主题，甚至试图挖掘比宰猪更为深刻的含义。

第一个发现是，作者对清晨到达的宰猪现场进行了一番描述，随后提及16世纪尼德兰画家彼得·勃鲁盖尔（Pieter Bruegel）的名画《伯利恒的户口调查》，二者描述的情境竟颇为相似。这显然不是简单的模仿，如同勃鲁盖尔以16世纪中叶尼德兰农村风情为背景讲述《旧约》中的故事，扎莱用勃鲁盖尔式的风情赋予21世纪英国农村一种复古的意境。无论如何，把自己的作品融入勃鲁盖尔意境，他的那段笔墨就不再平庸。

有了这个发现，再往下读，我终于找到了希望看到的更深层次的含义。在全球化的一个关键时刻，英国通过全民公决毅然退出欧洲联盟，突显了日益全球化和欧洲化下的新生代英国人，与至少在精神层面仍然停留在上一代的英国人之间的格格不入。扎莱把故事中的“我”同时定位为前者和旁观者，把“我”暗自喜欢的农村姑娘及其父亲作为后者的代表，从精神面貌上反映了这种反差，以及带给旁观者的疑惑。如此读来，也就不难理解，为什么这个世界著名的财经类报纸，慷慨地拿出三个版面刊登这篇小说及其插图。

这里，我只是以一个文学作品为例做说明。在经济学或者任何社会科学研究中，可以借助大师的不仅是意境或者表达手段的比附，更多的可能是主题的高度。借助大师也不是说借大师的名气出自己的名，而是把自己的研究与一个更大的语境联系起来，增强问题的针对性（relevance）。而这个针对性往往是研究者做选题时所欠缺的，一些年轻学者对此常有看不见摸不着的感觉。

譬如说，一个历史学家可能投入了很多时间和精力挖掘志书和档案，或许还做了人所未做的田野调查，仅仅把这些材料整理好，并且归纳一下，由于缺乏思想的高度，充其量是为他人的工作提供了素材。然而，如果这些材料可以为诸如“李约瑟之谜”或者“大分流之谜”这样一些由大师提出且吸引了足够多重量级学者参与的学术争论提供一个新的视角，从中提炼出一个新的假说，作为学者岂不功莫大焉？

再从经济学角度来看，中国经济改革开放和发展的成功经验，来自包括劳动者、经营者、决策者和研究者在内的中国人的探索，其中经济学家也不无贡献。早在1995年我就为在突尼斯举行的世界经济学家大会提供了一篇文章，讲中国经济学家在改革决策中的作用。多年以后，斯坦福大学教授约翰·麦克米兰（John McMillan）还来信询问该文出处，并在其去世前的一本书中引用。这里想说的是，对于中国改革实践及其成功，中国经济学家贡献不赀，但在对之做出理论解说方面，话语权在很长时间内却掌握在西方经济学家手中。

如前所述，诺贝尔经济学奖获得者科斯以及他的门徒如张五常教授、王宁教授等，在高度赞扬中国改革成功的同时，却将其作为哈耶克所谓“人类行为的意外结果”的一个精彩案例。这方面的著述如科斯、王宁的《变革中国》（*How China Became Capitalist*），以及张五常的《经济解释》等，得到许多中国学者以及媒体的追捧，殊不知，沿着这样的思路去讲述中国故事、总结中国经验，既不能做到符合事实，也是对包括农民、工人、企业家、各级干部在内的千千万万中国人民的伟大改革探索，以及其中体现的深邃智慧的矮化。

毕竟，持这种观点的经济学家无疑借助了大师（哈耶克）。作为改革参与者或者直接观察者的中国经济学家，则完全可以“以其人之道还治其人之身”，以中国经验对大师（哈耶克、科斯）的论断进行证伪。这样的研究岂不具有更高的立脚点？从另一种意义上站到大师的肩膀，并取得“意外结果”。

最后，广义的“读万卷书”是经济学家增进语言表达能力的必由之路。经济学的过度数学化虽然遭到诸多诟病，批评者中也不乏获得诺贝尔经济学奖级别的大家，迄今为止，获奖者的主流背景却仍然是高度的数理化和计量化，经济学数理化似乎是不可阻挡的大趋势。此外，我从另一个意义上也赞同经济学向“硬科学”靠拢，那就是把票友经济学家尽可能地挡在门槛外，因为任何严肃的经济学家都有过饱受其苦的经历。由此可见，争论经济学要不要大力度和深度使用数学（这里把“数学”作为专业概念的代名词），好像是一个不合时宜的话题。

所以，我并不是说自己有多赞成赫希曼的辩护——“在阐述我的思想时，数学的作用还不如隐喻或词语，后两者皆比数学更具创造性”。然而，许多经济学家在论文中运用数学公式的同时，已经不再擅长使用人间的语言。在美国，人们常常要求满口术语的“科学怪人”“说英语”，而北京人则干脆问“能不能说人话”。况且，现在学术期刊上公式充斥的论文，并不是在证明什么原创理论，而只是在数典忘祖的情况下把数学当作仅存的语言。这种做法丝毫不会提高文章的价值，却因“语言无味，像个瘪三”而丧失起码的格调。

撇开与许多数理经济学家相比，不说赫希曼对社会科学做出的重要贡献，被许多青年学子奉为偶像的主流学者如克鲁格曼和麦克罗斯基，也都严肃地探讨过经济学的表达与修辞。克鲁格曼认为，如果不打算饶有兴致地做思想实验，就根本不能做严肃的经济学研究。而麦克罗斯基则干脆说：经济学家不把文章修饰好是不道德的表现。而且，当我们讲到语言文字的时候，针对性甚至已不再只是语言美与丑的问题，而是表达内涵的准确与否问题。

事实上，如果说经济学在社会科学中占有优势的话，或许恰是以其抽象能力取胜，因此，没有起码的抽象力很容易流为票友经济学家或其同侪。而长年累月徜徉于抽象世界，却容易使人的语言表达能力遭到耗损。没有人能够自动化解这个悖论，而任何人能够给出的唯一建议，就是广泛阅读而且只读好书。

此外，我还有如下一个想法，使我理解为什么伟大的思想家无一例外都是读书狂，而且是无所不读，也促使我乐于广泛阅读，并且对一些与工作无关的事物也如饥似渴。人类数千年积累的智慧，包括大到各种方法论级别的成果，小到思维技巧和具有启发的知识，甚至观察事物的角度，都分别以各个具体的学科或领域作为宿主而存活至今。因而，广泛涉猎看似于己无关的学科领域，总会在不经意间得到额外的收获。

三 文人之交淡如水

我不是一个善于社交的人，也由于惜时如命而与人交往不多。不过，学术业绩终究不能在象牙塔中成就，多年以来也的确结识了各色学者，或有过紧密或者不紧密的合作，或仅为一面或数面之交，但这些学术交流皆使人受益。所以，我始终鼓励自己那些踏实做研究的学生或年轻同事，要广交朋友，为的是互学互鉴，才能拓展思路。

从20世纪80年代后期开始，我与林毅夫、李周密切合作，留下了影响深远的《中国的奇迹：发展战略与经济改革》《充分信息与国有企业改革》《中国经济：改革与发展》等成果，并以多种语言传播到国际经济学界，而且以“过渡经济学理论”之名，于2015年与樊纲、张军共同获得中国经济理论创新奖。其中影响最长久的当属《中国的奇迹：发展战略与经济改革》。我们在这本书的写作上花了数年的时间，回顾起来，这个过程对我还是有很大影响的。很多年来，不时有人问到当年我们一起写作时，具体的工作方式究竟是怎样的。这的确是有意义的问题，因为正是这个工作方式使我受益匪浅。

正如作者署名顺序所显示的，在这些合作中林毅夫是绝对的主角，重要的思想和分析框架多是由他最初提出的。李周是个笃实力行且关注技术细节的人，对于这样工作量大的研究来说不可或缺。我则是那个把思想付诸文字的执行者。而把总体思想与一个又一个具体观点、诸多需要引用的文献、经验数据和事例统一到一起，需要十分严密的分析框架、推理逻辑和写作策略，不能把这些彻底弄通，实施起来就很困难。

所以，在长达数年的写作过程中，我常常扮演的是颠覆者的角色。具体来说，就是在讨论中我反复挑战我们想要做出的判断、使用的经验材料和得出的结论。而林毅夫恰恰具有把所有问题放到同一个思想框架中，坚持用最简单的逻辑进行分析的能力。在如此长的时间里，在激烈且深入的争论中写成的著作，逻辑上一定是极其严密的。我本人在以后的经济学研究和写作中，能够保持理论逻辑上的高度一致性，与此大有关系。

保持理论逻辑的一致性并非那么容易，长期坚持下来是个艰难困苦的历程。因为现实世界是由纷繁复杂的经济现象构成的，经济问题又与政治、社会和文化紧密交织。当一个研究者涉猎更广的领域，深入更加复杂的问题中，加上广泛的文献阅读，会不断感觉到被强迫偏离自己既简单且简洁的分析逻辑的压力。记得北京大学陈平教授曾在讨论我的另一本书时评论道：林毅夫的逻辑十分简单，而蔡昉的思想要比林毅夫复杂。

张五常教授也曾说过：一个经济学家如果过分在意某个贡献是“我的”，而没有从谏如流的气度，他一定不是高手。虽然从其写作和演讲中很容易看出，他本人从不遵循这个原则，恰恰不厌其烦地强调自己是旷世奇才、永远正确，但是，这个说法无疑是正确的。按照这个判断标准，在我有所接触的经济学大师中，林毅夫在芝加哥大学的导师约翰森堪称高手。

1995年我与加州大学戴维斯分校卡特教授和南京农业大学钟甫宁教授合作完成了一项课题。出书前课题委托方邀请了几位权威评审人进行评估，其中一位就是约翰逊教授。他对于我们课题中关于农村剩余劳动力的讨论和实际估算进行了严厉的批评，认为这个剩余劳动力的概念是错误的，甚至剩余劳动力这个事物根本就不可能真实存在。

这其实一点都不奇怪。约翰逊教授是芝加哥学派的重要人物，是新古典经济学的坚定捍卫者，也是舒尔茨的学生和终身追随者（作为二人的弟子，林毅夫也在相当长时间里不承认剩余劳动力），而舒尔茨与同年获得诺贝尔奖的刘易斯关于农业劳动边际生产力是否为零或者很低的争论，是发展经济学中著名的公案。

约翰逊教授退休以后非常关心中国的经济改革和发展，特别是关心中国的“三农”问题。他花了大量时间在中国调研。有意思的是，我们从他这一时期的文章中发现，经过深入中国农村现实中，他承认在研究中所处理的情形常常与农村的剩余劳动力密切相关。例如，在一篇文章中，他一反新古典经济学，指出：中国有大量的农业劳动力，他们的生产率比城镇部门劳动力的生产率要低得多。2000年我主编的《中国人口与劳动绿皮书》第一卷出版后，约翰逊教授给我寄了封信表示祝贺，称赞我把农村人口与劳动力作为主题进行研究的努力。

我提出刘易斯转折点到来的观点之后，遭到绝大多数研究者的批评。虽然我自己从不怀疑这个判断，但是由于该观点的政策含义与有关部门的政策倾向有所抵牾，一时间也感到压力。有趣的是，中金公司等投行的经济学家，借此话题做了不少文章，捎带对我的观点进行批评。几年后，又几乎异口同声地宣称自己是刘易斯转折点到来的最早鼓吹者。

这于我并无不妥，因为：第一，他们最初热衷于批评我，恰恰反映出我所形容的“春江水暖鸭先知”效应，说明他们有一定的直觉，只是受传统思维桎梏而不敢过早接受这个观点罢了；第二，作为投行经济学家，让客户认为自己一贯正确是职业的需要；第三，他们后来改口说自己很早就赞成此说法，转而大肆传播，与我的初衷是一致的。我虽然不是张五常所谓的“高手”，但并不介意发明权归谁所有。

在作为少数派的时候，也有经济学家以自己的扎实研究和传播力，给我以声援，如北京大学的黄益平和斯坦福大学的罗斯高两位教授。哥伦比亚大学教授罗纳德·芬德利（Ronaldo Findlay）也主动写信，认为我观察到的中国人口变化，对世界经济格局将产生极大的颠覆性影响。最值得说一说的是几位德高望重的经济学家，最早给予刘易斯转折点到来这个判断以高度重视，尽管并非全都赞同这个判断。

吴敬琏教授较早注意到这一研究，并于2007年邀请我到其主持的国际经济学会（IEA）圆桌会议上去讲。或许是我未能完全清晰地表达自己的重点和政策含义，也或许是评论

2016年在深圳参加中国留美（英、澳、日）经济学会年会

人受主流经济学固有模式束缚，而抓不住中国问题的针对性，康乃尔大学教授考希克·巴苏（其实他的经济学思想是相当反主流的），竟以为我警示劳动力短缺和工资上涨是宣扬政策的成就，十分客气地大讲他之所以更喜欢对政策持批评态度的研究，是因为由此得出的结论更有助于政策的改进。

这个理解与我的原意真是大相径庭。不过，吴老师却是以其一贯的敏感性，抓住了诸如刘易斯转折点到来等判断的要义，不仅在许多场合推荐这个观点，更是明确地以此作为论据，强调转变经济发展方式和提高全要素生产率的紧迫性。

曾任职日本一桥大学经济研究所的南亮进教授，20世纪60年代以研究日本经济转折点著称，其含义就是现在所称的刘易斯转折点。他在80年代初也开始关注中国经济，90年代曾在中国留学生的介绍下与我见过面。当他注意到我关于刘易斯转折点的研究后，再次主动联系我并见面交流。

为了促成我赴日为他所担任会长的中国经济研究会年会做报告，他特意让位于东京的亚洲开发银行研究院（ADBI）的人员出面，邀请我到该院访问。后来我才知道，他这样做是为了对方可以付我一笔演讲费，并安排好一点的宾馆。ADBI不负重托，邀请了各国多位参会人与我讨论，以致形成我一个人孤军奋战、舌战群儒的场面。

随后的几年里，我们一起在中国和日本成功组织了多次研讨会，安排了相关的成果出版。有意思的是，南亮进教授始终没有同意我的观点。在我看来，他过于坚守农业和非农产业的劳动边际生产力趋于相等这个教条，加上对中国关于农业劳动力的统计数据缺乏了解，以致使用不准确的数据与马欣欣一起做了一个计量分析，认为中国远未达到刘易斯转折点。

针对这个对立面，我援引刘易斯本人及其追随者关于有两个刘易斯转折点的说法，认为第一个转折点的到来，即农业劳动的边际生产力不再为零时，对于经济发展更具有阶段性转变的意义。在东京的一场讨论中，会议间歇时南亮进教授的学生悄悄对我说："我们几个学生一起讨论过，觉得蔡教授您说的是对的。"

道理越辩越明。南亮进教授的热心讨论帮助我进一步澄清了一些认识，而由我的研究引起的这场争论进而促成合作研究，也使南亮进教授延迟退休了若干年。当我们的争论告一段落，专著也出版之后，他便彻底离开了学术研究领域，以80多岁的高龄遍游世界。

斯坦福大学已故教授青木昌彦也非常关注我的研究。当时在我参加一个在日本京都举行的研讨会之后，他安排我到

2015年参加中国经济50人论坛学术委员会（从左至右：樊纲、吴晓灵、刘鹤、吴敬琏、易纲、蔡昉、许善达）

东京的若干场合交流，包括又一场在ADBI的讲演，他本人也场场必到。此后，我们分别在斯坦福大学校园里、我所在的研究所的办公室，以及一些会议的场合继续争论，并且通过大量的邮件交流。

在交流中，我深感青木昌彦教授的严谨和执着。他去世之前在邮件里和见面时，反复追问我：中国农业劳动力比重是否降到了20%，认为从国际比较得到的经验看，这个转折点十分有意义。我告诉他，国家统计局数据显示的农业劳动力比重仍然高达30%，可我自己的估计显示，这个指标实际上已经降到了20%。

青木昌彦教授去世后，许多中国经济学家撰文回顾他对经济学的贡献，以及对中国经济的关注。虽然我并没有写这样的文章，但真心认为他给我留下了有益的课题。这要从2010年在北京召开的第十六届世界经济学家大会说起。当时，青木昌彦教授作为世界经济学家协会的卸任主席，做了一个著名的主席演讲。由于演讲主题恰是我一直思考的问题，可以说，很少有人比我更关注这次演讲，更懂得其深邃的内涵。

正是在这个演讲中，青木昌彦教授首次把经济发展区分为马尔萨斯贫困陷阱、政府主导发展的阶段、库兹涅茨阶段、基于人力资本的发展阶段，以及后人口转变阶段。我曾向他建议把库兹涅茨阶段称作刘易斯二元经济发展阶段，他起初同意了，并且在一些场合真的这样说过。可能经过深入思考后，他再次使用库兹涅茨阶段的说法，不再提刘易斯二元经济发展阶段。

根据自己所关注和研究问题的逻辑，我越来越理解为什么青木昌彦教授强调库兹涅茨而“忽略”刘易斯，因为他所强调的是经济发展中的库兹涅茨过程，即遵循生产率提高的方向，实现产业结构变化。当我告诉他农业劳动力转移已经趋于减速时，他不无担忧地说：那岂不会出现逆库兹涅茨过程？后来，我果然发现这一担忧大有成为现实的趋势。揭示与之相关的道理，提醒决策部门用改革的办法避免这一不利后果，算是对青木昌彦教授的最好纪念。

四　低姿态与高追求

小的时候读“三言二拍”，背下了其中的一段古诗：“人生百岁，七十稀少。更除十年孩童小。又十年昏老。都来五十载，一半被、睡魔分了。”当时觉得有共鸣，因为总是纳闷大人们为什么要睡午觉。至今记忆中还有这样的意象：所有人都午休了，找不到一个人玩耍和说话，只有“伏天儿”（学名蟪蛄，不是通常所说的蝉）叫个不停。

所以把这段诗句记忆至今，后来才知道它取自宋人王观的一首《红芍药》。不过，既然使我产生共鸣的并非该诗中“沉醉且沉醉”的消极态度，也就从来没记得过后面的句子。之所以提到这样一段记忆，意在说明我一生中对时间的使用，始终采取了极端苛刻的方式。这倒不能简单地说我如何珍惜时间，而是所有的事情在时间这个尺度之下，于我而言全部都具有了与众不同的价值和态度。在这方面，我要对妻子和女儿表达谢意，在长期磨合的基础上，她们已经习惯并接受了我的这个怪癖，在时间问题上几乎不会与我发生争执。

在工作的职责之外，对一切不能带来知识增量的社会活动，我勇于说“不”。早在20世纪80年代，我就成为新生代学者中当选中国农业经济学会理事的第一人，之后离开农业经济学界也曾经被缺席选举为该会副会长，后来作为人口与劳动经济研究所的代表成为中国人口学会副会长，及至获得很多这样的头衔。对此，至少在我担任中国社会科学院副院长，对其中一些事务承担分管职能，因而不再能够意气用事之前，我自始至终的态度是不参加任何程式性或礼仪性的活动。虽然大多数情况下，学术活动并不缺我这个人，但也遭到过诸多批评。

对于既能带来知识增量，也能够影响同行和具有更广泛受众的学术活动，我并不一味拒绝。例如，吴敬琏、刘鹤和樊纲于1998年创建了“中国经济50人论坛”，我后来被推荐成为这个学术和智库平台成员及其学术委员会成员，并愉快坚持参加活动，就是因为这个论坛专注于讨论经济问题，没有其他无关议题。虽然也有个别论坛成员，多年如一日地说着重复不变的话题，表达没

2007年出国访问

有知识增量的观点，但是总体来说，这是一个可以去听、可以去讲的平台。

诸如获奖、头衔之类的事情，丝毫不改变一个人的人力资本禀赋，故对我来说，所谓的“身外之物”并不是自我安慰之词，而是舍不得花时间为此分心。至于物质上的东西，结婚之后多年没有一寸立足之地的日子度过之后，收入虽低，但也不再有清贫的感觉，虽然不至于清高到拒绝阿堵物的程度，但完全能够做到不把职业激励建立在为稻粱谋的基础上，除去朋友的面子外，拒绝为挣取高额演讲费而成为周末“空中飞人”。

从古至今知识分子都无比鄙视名与利，似乎“读书不为稻粱谋，但开风气不为师”是天经地义的座右铭。但是，真正无欲无求的知识分子可谓凤毛麟角，而且大多数情况下也是在书本上遇到的，以致让人怀疑他们不过是后人塑造的形象。而且，这种不符合生活现实的心灵鸡汤并非聊胜于无，而是极为有害的。因为说的与做的始终不能一致，是从根本上毒害知识分子的人格，依此类推的话还会败坏社会风气。我们所需要的只是正确的荣誉观，不要因为追名逐利而放弃了原则，甚至到了伤害自己的程度。

不过，古人说“学而不至于谷”（孔子原话是“三年学，不至于谷，不易得也”），也可以做一个新解。也就是说，如果使知识分子为物质生活而奋斗，学问一定是做不好的。记得“文革”期间读郭沫若的《李白与杜甫》，郭老不厌其烦地要论证杜甫是一个大地主。不论其动机是什么，我倒是觉得，如果杜甫为“茅屋为秋风所破”而发愁是生活常态，那他就不该整天写诗，而应该去修缮房屋。

上大学时读过一本翻译的书，讲的是欧美历史上的一些农业发明家的故事，我也发现他们共同的特点：皆非一线的农业劳动者，而多是无须为五斗米折腰（“折腰”在这里歪解为“弯腰曲背而劳作”）的地主或乡绅。可见，有必要的物质保障才能心无旁骛地做学问。问题在于，一个人究竟有多少钱才算够？我坚信一点，企业家有一种特殊才能，不是人人皆可具备的。是否愿意去尝试，是个人的选择自由。但是，选择做学者却一心想着赚钱，大可谓缘木求鱼。

当前的学术界，做课题与做研究已经成为同义语。课题经费是聘请研究助理、进行田野调查、参加学术会议，甚至出国交流的必要保障。但是，课题有一个最大的缺点，就是为研究创新设下了时间的截止期。科研有自身的规律，一旦遵循规律与遵守截止期发生矛盾，该以哪个为准？

在很多情况下，我看到一些研究人员不是着眼于把自己的成果，在力所能及的前提下打磨到尽善尽美，而是用成本效益分析法，看是否能够以最小的时间成本，获得发包方的认可和评审专家的放行。学术研究的创新不可能产生于平面垦殖，而往往得之于边际上的努力。以完成课题为目标的辛勤学者，最终在成本与收益的核算中是吃了大亏的。

2006年中国社会科学院建立了学部制度并推选了第一批学部委员。我没有成为第一批学部委员（因而未能像有些人那样在简历上赫然写上：中国社会科学院首批学部委员），许多人想象我一定很不好受。其实我完全没有往心里去，因为对于各种批量产生的学术荣誉，我从心底里不是那么看重，也就完全不必以身外之事的托词自我安慰，甚至历来持有一种老加图式的心态。

古代罗马著名学者M.P.加图（Marcus Porcius Cato，又称老加图，前234年—前149年），是更为著名的政治家小加图的祖父，还算得上是经济学这门学科在萌芽时期的代表性人物。当时，罗马盛行给名人建造塑像，却不见有老加图的。有人为之打抱不平，认为他比许多其他人都更应该享有塑像金身的荣誉。而老加图本人却不以为然，也不情愿自己的雕像伫立街头或广场。他的道理是：我宁愿人们诧异“为什么没有他”，而不希望有人疑惑“怎么会有他”。